珍藏本
纪念版

汉译世界学术名著丛书

英国得自对外贸易的财富

〔英〕托马斯·孟 著

袁南宇 译

商务印书馆
SINCE 1897
The Commercial Press
2017年·北京

Thomas Mun

ENGLAND'S TREASURE

BY

FOREIGN TRADE

MACMILLAN AND CO.

NEW YORK 1895

根据纽约麦克米伦出版公司 1895 年版译出

汉译世界学术名著丛书
（120年纪念版·珍藏本）
出版说明

2017年2月11日，商务印书馆迎来120岁的生日。120年前，商务印书馆前贤怀揣文化救国的理想，抱持“昌明教育，开启民智”的使命，立足本土，放眼寰宇，以出版为津梁，沟通中西，为中国、为世界提供最富智慧的思想文化成果。无论世事白云苍狗，潮流左右激荡，甚至战火硝烟弥漫，始终践行学术报国之志，无改初心。

迻译世界各国学术名著，即其一端。早在20世纪初年便出版《原富》《天演论》等影响至今的代表性著作，1950年代后更致力于外国哲学和社会科学经典的译介，及至1980年代，辑为“汉译世界学术名著丛书”，汇涓为流，蔚为大观。丛书自1981年开始出版，历时三十余年，迄今已推出七百种，是我国现代出版史上规模最大、最为重要的学术翻译工程。

丛书所选之书，立场观点不囿于一派，学科领域不限于一门，皆为文明开启以来，各时代、各国家、各民族的思想与文化精粹，代表着人类已经到达过的精神境界。丛书系统译介世界学术经典，引领时代思想，为本土原创学术的发展提供丰富的文化滋养，为推动中国现代学术和现代化进程做出了突出的贡献。

为纪念商务印书馆成立 120 周年，我们整体推出“汉译世界学术名著丛书”120 年纪念版的珍藏本，寄望既利于文化积累，又便于研读查考，同时向长期支持丛书出版的译者、编者和读者致以敬意。

两甲子后的今天，商务印书馆又站在了一个新的历史时间节点上。我们不仅要铭记先辈的身影和足迹，更须让我们的步伐充满新的时代精神。这是商务人代代相传的事业，更是与国家和民族的命运始终紧密相连的事业。我们责无旁贷，必须做好我们这代人的传承与创造，让我们的努力和成果不仅凝聚成民族文化的记忆，还能成为后来人可以接续的事业。唯此，才能不负前贤，无愧来者。

商务印书馆编辑部

2017 年 10 月

出版说明

托马斯·孟(Thomas Mun,1571—1641),是晚期重商主义最著名的代表人物,英国的大商人(东印度公司的董事)。著有《论英国与东印度的贸易》(1621 年出版)。这本《英国得自对外贸易的财富》是他对前书加以彻底改写以后于 1664 年出版的。

我们知道,重商主义是古典经济学产生以前出现的一种经济思想,它反映着资本主义前驱者商业资本家的观点。当时,资本主义生产方式还没有确立起来,产业资本还刚刚发生,在经济生活中占统治地位的是商业资本和高利贷资本。商业资本促进了封建主义的自然经济的解体和国内外贸易的发展。但是,为了进一步发展商品货币关系,商业资本家还要求采取一系列的经济措施,重商主义就是这些措施在理论上的表现。

重商主义分早期的和晚期的两种。晚期的重商主义产生在商业资本发展的较高阶段,因此,它的观点比早期重商主义成熟。这种观点,在托马斯·孟的这本书中得到了系统的反映。

商业资本的财富采取货币的形态,因此托马斯·孟和一切重商主义者一样,把财富和货币等同起来,他认为,货币的增加就意味着财富的增加。早期重商主义把财富直接看成是金银,以为金银铸币储存得愈多,国家就愈富,因而反对货币输出。托马斯·孟的看法不同。他认为，为要增加货币财富，必须把货币投入流转。他说："货币产生贸易，贸易增多货币。"因此，投入流转的货币愈多，事情就愈好。但是，把货币投入国内市场，并不能增加国家财富，因为国内商品流通的结果，"一个人的所得就是另一个人的所失"。只有把货币输出国外，发展对外贸易特别是转口贸易，依靠贱买贵卖使更多的货币流入本国，才能使国家富足。所以他说："对外贸易是增加我们的财富和现金的通常手段，在这一点上我们必须时时谨守这一原则：在价值上，每年卖给外国人的货物，必须比我们消费他们的为多。"为此，他反对禁止货币输出的法令，主张采取一系列扩大商品输出的措施（如发展制造出口品的部门）。

商业资本活动的范围是流通领域，因此托马斯·孟考察的对象只限于"流通过程及其独立化为商业资本运动时的表面现象"（马克思：《资本论》）。他不可能发现资本主义生产的本质。在他看来，流通是财富的直接来源，而生产只是创造财富的前提。但是，他的著作中包含有许多有意义的东西。它明显地表达了新兴资产阶级发展商品货币关系的愿望。它指出，资本家眼里的财富不是使用价值，而是交换价值，是作为一般等价物的货币，这就"用粗率而天真的形式，吐露了资本主义生产的秘密，即它的服从于交换价值的支配"（马克思：《政治经济学批判》）。它指出货币能够通过流通而增殖，实际上就表明了货币不但是流通手段，而且具有资本的职能（虽然托马斯·孟把资本局限在货币形态，而且不能加以科学的解释）。因为托马斯·孟和其他重商主义者这样地开始了资本主义经济现象的探究，马克思肯定了重商主义是对于资本主义生产方式的最初的理论考察。

马克思指出，托马斯·孟的这本书，在它出版以后的一百年当中被看作是“重商主义的圣经”。它有助于读者理解重商主义的基本观点，了解科学的政治经济学的前史。因此我们把它翻译出版，供读者研究参考。

商务印书馆编辑部

1959年9月

目　　录

第一章　一个全才的对外贸易商人所必需的各种品质………… 1
第二章　使王国致富和增加我们财富的手段…………………… 5
第三章　增加我们的商品输出和减少我们对于外货的
　　　　消费的特殊途径和手段……………………………… 6
第四章　输出我们的货币借以换得商品乃是增加我们财富的
　　　　一种手段 …………………………………………… 15
第五章　对外贸易是提高我们的土地价格的唯一手段 ……… 22
第六章　西班牙的现金，不能因为在西班牙国内所颁布的
　　　　任何禁令，就不流入其他国家……………………… 25
第七章　对外贸易的各种利益 ……………………………… 29
第八章　提高或贬低我们的币值，既不能使国家增多现金，
　　　　也不能防止现金输出 ……………………………… 31
第九章　准许外币以高于其实值的比率与我国本位货币
　　　　兑换并在我国通用，不会增多我们的财富………… 35
第十章　使外国人遵守现金使用法令并不能增加或
　　　　保全我们的现金 …………………………………… 37
第十一章　勒令输出鱼、谷物或军火的商人将售价的全部或
　　　　　一部以货币形态带回，并不能增多我们的现金…… 41

第十二章　在国内或海外以汇票交款或收款时贬低我们的币值，并不能减少我们的财富 …… 43
第十三章　专营外汇的商人不能增加或减少我们的财富 …… 48
第十四章　银行家与汇兑商人们所能贡献出来的赫赫功绩 …… 49
第十五章　论在我国存在的一些浪费现象和弊病，虽然它们不会损害我们的贸易和财富 …… 67
第十六章　如何公正地筹得国王的收入和进款 …… 71
第十七章　强大的国王是否必须积累财富 …… 76
第十八章　一个国王每年适于积累多少财富 …… 79
第十九章　论来自自然财富和人为财富的某些不同的结果 …… 82
第二十章　可以编制我们的对外贸易平衡表的惯例和方法 …… 97
第二十一章　根据一切讨论过的有关现金输出或输入问题的结论 …… 102

第一章　一个全才的对外贸易商人所必需的各种品质

我们对于祖国的关怀和服务，与其说是在于了解别人应尽的义务，还不如说是在于熟练地搞好我们自己的工作。所以（我的儿哟），现在我应当对你说一些有关商人的事情，因为我希望将来在适当的时候，让你投身于这项职业。可是在我的话里，并没有要你向上爬的意思，虽然我把你列在这样一种受人尊重的地位；因为商人肩负与其他各国往来的商务而被称为国家财产的管理者，实在是受之无愧的。这种工作所得的荣誉与所负的责任同样巨大，应该以极大的技巧和责任心去履行才好，这样，私人的利益才会常常跟着公共利益而来。因为这种职业的高贵性质或者可以更有力地激起你的愿望与努力，去获得那些可以将它干好的能力，我愿意简括地写下一个全才的商人所要具备的那些优秀品质：

既然能够知道别人在他们的职位里所做的一切是可嘉的，所以不知道我们自己的行业里的种种职责是一种大大的耻辱。

1. 他应该擅长书法、算术和会计，才能使用那种仅仅在商人间所采用的可贵的复式簿记；同时他还要精通各种租船合同、提单、发票、契约、汇票和保险单等的规例和形式。

2. 他应该知道一切外国，尤其是与我们有贸易关系的国家的各种度量衡与各种货币，并且对于货币不但要知道它们的各种大小的面值，而且还要知道它们在重量和成色上，与我国的本位货币作了比较之后所求得的实值，否则他就不能妥善地处理他的事务。

3．他应该知道各种商品向某些国家并从某些国家输出或输入时所应交纳的关税、通行税、一般赋税、各种征课、护卫费以及其他费用。

4．他应该知道各个国家有哪些商品是绰有余裕的，有哪些货物是缺少的，同时也应了解这种货物的供应情况怎样，它们是从哪里来的。

5．他应该了解并密切注意从一个国家用汇票寄款到另一个国家的汇兑率，这样他才能更好地处理他的事务，并且尽可能有利地将他的一切款项汇回并且在本国收款。

6．他应该知道在某些国家有哪些货物是禁止出口或禁止进口的，否则他在处理他的事务时就不免要遭受很大的危险与损失。

7．他应该知道根据什么运价与条件在他的船上装运货物，并应将他往来于国家与国家间的冒险事业加以保险。同时他还应该熟悉，在遇到可能使船舶或货物或船货二者遭受损坏或损失的不测事件时所要援用的国内外保险机关的章则、规定和惯例等。

8．他应该知道建造和修理船舶所必需的各种材料的好坏和它们的价格，以及其各种做工的好坏，同时还要知道桅杆、缆蓬、绳索、火炮、食料、军火以及其他各种各样储备材料的质量和价格；此外，他还应知道船长、高级船员和水手们的一般工资，因为以上的一切都是与一个身为船主的商人有关系的。

9. 他应该(因为在不同的时候，有时要以一种商品做买卖，有时要以另一种商品做买卖)对于一切商品或货物，一概具备相当的、即使不是完全的知识，就像是各行各业的内行。

10. 他应该从他在海上航行的经验里学得航海技巧。

11. 既然他是一个旅行家，有时要住在外国，他就应该能说几种语言，并留心观察外国王公们的经常收入与支出，以及他们的海陆实力，他们的法律、风俗、政策、礼节、宗教、艺术等等，同时还能为祖国的利益着想，随时将这些问题提出报告。

12. 最后，虽然这样的一个商人无须是一个颇有学问的学者；但他(至少)也须在青年时代学好拉丁语，这将使他在其他一切的努力上有更强的能力。

这样，我就已经约略对你指出了你应当努力学习的榜样，也就是具有各种能力的商人的面貌；商人所应具有的能力确是如此，并且种类很多，所以我觉得再没有其他职业会涉及更多的世俗知识了。无可否认，在威尼斯、卢加、热那亚、佛罗伦萨、尼德兰和基督教国家的其他一些地方的最优良的政府里，也表现出商人们的才能。就是在最不重视他们的国家里，他们的技能与知识尚且往往为占最高权力地位的人们所借重：所以，有些人拒绝听取他们的建议和意见（甚至是已经印在书上的），使他们在对于国家可以致富或致贫的运筹决策方面爱莫能助，而事实上正像我将在下文指出的那样，这是只有靠着商人们所掌握的贸易的秘诀才行的；这些人的行径还不仅是粗暴而已。的确，在英国，许多商人就觉得他们这一项职业所受到的鼓励，比在别国为少。同时因为看到他们自身并没有像他们的高贵职业所要求的那样，受到很好的尊重，因而为了这一重大原因，他们就不肯尽心竭力，以求在他们的职业上达到登峰造极的程度，这个王国里的贵族也就不肯像在别的国家那样，世代相承地从事这一项职业，以求大大地增加他们的财富，维持他们的声名和家族的地位。既然我们最为富有的商人们的声名在他们死后即将消灭，承袭了遗产而成为富翁的儿子，也就看不起他父亲的职业，以为做一个乱花产业的绅士（虽然只不过是虚名），也比继承父业做个勤恳的商人来维持和增进他的家产更为光荣。但是现在我们对于商人既已嘉奖过了，我们接着就要谈一谈他的实际工作，或者至少也要谈一谈关于他替本国带来财富的那部分工作。

勤劳努力地生活所享有的荣誉与利益，远远超过由于缺乏品德而把一份大遗产消耗净尽。

第二章　使王国致富和增加我们财富的手段

虽然一个国家可以由所得的礼物或由购自他国的货物而增加财富，但是这些事情到底在什么时候会发生，乃是没有把握的，也是无足轻重的。所以，对外贸易是增加我们的财富和现金的通常手段，在这一点上我们必须时时谨守这一原则：在价值上，每年卖给外国人的货物，必须比我们消费他们的为多。我们可以假定，这个王国获有布匹、铅、锡、铁、鱼类和其他国产品的充分供应，另外每年尚有价值二百二十万镑的剩余货物输往外国；靠着这笔出口，我们能够从海外买到并输入价值约二百万镑的外国货物，以供我们使用和消费。我们在贸易上遵循着这种惯例去做，就稳稳地可以保证我们的王国每年一定会增多二十万镑的财富，并且一定是大部以现金的形态带回祖国；因为在我们所出口的货物里既然有一部分没有以货物的形态换回一些东西，它必然就会以现金的形态被带回本国。

对外贸易是我们的财富的准则。

在这一方面一个王国的财货中所发生的事情，正如在一个私人的财产里发生的一样。假定某一个私人每年有一千镑的进款，并且在他的钱柜里还有二千镑的存金;倘使这样一个人由于生活奢侈,每年竟要花一千五百镑,那么他的全部存金将在四年之内就花光了;在同样的时期,倘使他采取了一条节约的途径,只花五百镑一年,那么他的这一笔存金就将加倍了。这一准则就是在一个国家里也是同样适用的;但是在我以后要说到的(不甚重要的)一些情况中,我将指出,应由什么人和用什么方法结算出这个王国每年的账目差额,甚至能够随时使政府知道,我们与外国的贸易盈亏如何。但是我要先说明一下使出口货物增多和进口货物减少的一些途径和手段。在做了这番工作之后,我就要提出其他一些正面的和反面的论证,使我在这里所说的话更为有力,并且借此还可以指出,通常认为可以增加我们王国的财富的其他一切手段,是完全不中用的,只是无稽的谬论罢了。

第三章　增加我们的商品输出和减少我们对于外货的消费的特殊途径和手段

一个国家用以抵付一切外国货物的收入或财物,可以分为两种:一种是自然的,一种是人为的。自然的财富,只不过是限于我们能够从自用品和必需品中节省下来而输出到国外去的东西。人为的财富,就是我们的工业品和我们勤勤恳恳地用外国商品经营贸易而来的。对此，凡是将有助于我们正要准备探讨的问题的，我将一一叙述如下。

1. 第一，虽然我们这个王国已经是得天独厚，但是还可以在丝毫也不妨碍其他已耕地的现有收入的条件之下，利用荒地(无边无垠的荒地)。从而我们便可以自行供应现在还需要向别人去买的苎麻、亚麻、绳索和烟叶以及其他各种货物，同时我们制止这些货物进口，可以免得加重我们的损失。

2. 如果我们认真节约，在饮食和服饰方面不要过多地消费外国货，同样地也可以减少我们的进口货。在这一方面，因为风尚屡变，经常更改，所以大大增多了浪费和开支；这类恶习现在在我们之间确是骇人听闻，较先前的时代尤甚了。可是，如果我们也实施其他一些国家所严格执行的防止我们所说的那种过分浪费的良好法律，这种恶习或许就可以很容易地纠正过来。同时，这些国家还以自己的产品供应自己的需用，以抵制别国商品进口，而无须在与他国的商业交往上加以禁止或获罪于人。

3. 在我们出口的货物里边，我们一定不可以仅仅注意到我们自己所多余的东西，而是还必须考虑到我们的邻友们的必需品；就是他们所不需要的以及尚未在别的地方加工制成的东西，我们也应(除了出售原料之外)尽量加工制造俾得从中取利，而且还要将售价提高到不致因价高而使出售量减少的程度为止。但是,我们所富余的商品,固然可以供应别的国家的人们,可是他们也可以从其他的国家获得同样的东西,或者是采用其他地方的一些类似的货物,那么,就会使我们的出口减缩,而他们并不会感到不方便。在这种场合之下,我们必须尽可能地减低价格,而不让这种货物失去销路。因为,从近年来的良好经验中我们知道,由于我们能够在土耳其以低廉的价格出售我们的纺织品,所以我们已经大大地增加了它的销路,而威尼斯人的纺织品却因为索价较高,在那些国家里已经没有什么销路了。而从另一方面来看,在几年以前,当时我们的纺织品因为羊毛价格过高以致价格奇昂,因此我们输出到外国去的衣服至少减少了一半,其后也只是因为羊毛和纺织品价格大落,才能够(很接近地)再行恢复。我们知道 ,这些货物和其他一些货物,因为减价百分之二十五,使私人收入蒙受了损失,却使出口量提高了百分之五十以上,使社会受到利益。因为在纺织品贵的时候,别的国家就立即要从事衣着的制造,并且我们知道它们做这种工作,并不缺乏技巧或原料。但是当我们减低价格的时候,我们就可以把它们从这门行业中赶出去,而当我们再行提价的时候,它们便也会再施故技以资挽救。所以通过这种更迭情形,我们就可以知道,不顾情况只是希冀从我们的货物上得到更大的收入是徒劳无益的;而我们要注意的,乃是小心谨慎和孜孜不倦地将我们的努力放到时间上

在有些时候国家可以获得最大的利益,同时私人所获的收入却是极少的。

去，决不偷工减料，做好我们的纺织品和其他工业品，使之获得更大的重视和使用。

4. 我们的出口货物，倘使是用我们的船自运出去的，也是可以大大提高价值的，因为这样我们不但会得到货物在本国的售价，还可以加上商人的利润，保险的费用以及将它们运往海外的运费。例如，倘使意大利的商人，乘着他们自己的船，到我们这里来购买我们的谷物、熏青鱼或其他东西，就这个实例来说，通常国内的价格是一夸脱小麦二十五个先令和每桶熏青鱼二十个先令；那么倘使我们自己将这些货物运往意大利，前者就可以卖到五十个先令，后者卖到四十个先令；王国的货物在推销或出售上就有这样大的差额。并且，虽然我们应向一切外国人开放贸易，任其自由进行进口和出口业务，然而在许多地方，食料和军火的出口不是受到禁止，便至少是受到限制的，只许在这些货物充裕的地方的人和航运业经营此项出口。

5. 我们对于自己的自然财富的消费，如能加以节约，同样也能增多我们每年对于外人的输出量。并且，如果我们想要讲究穿着的话，我们也要用自己的原料和成品，如纺织品，花边，刺绣，抽纱刺绣等；因为富翁们的铺张浪费，尚可以使贫民有就业的机会。他们的劳动虽然是这样一种性质的，可是如果是为了替外国人制造这些东西的话，那么对于本国定会更为有利。

6. 在英格兰、苏格兰和爱尔兰的皇家领海里的渔业，乃是我们的自然财源，并且这一企业除了付出劳动外，是无须花费什么的；荷兰人正是乐意付出这种劳动的，他们由于以我们的鱼供应基督教国家的许多地方而每年取得极大的利润；同时他们还靠着我们的鱼换得并供应他们所需要的外国货物和货币，还借此维持了大批的海员和航运事业。而关于这一种重要业务的特殊管理方法，我们还可以长篇大论地来说明它。我们在新英格兰、弗吉尼亚、格林兰、撒姆尔群岛和纽芬兰的捕鱼场地，也是属于同类性质的，那些地方有着大量的富源和工作机会，可以使许许多多的贫民得以就业维持生活，并且可以增进我们正趋衰落的贸易。

有些国家是怎样致富的。

7. 专为来自外国的谷物、靛青、香料、生丝、棉花或一切其他商品设立一种贸易场所或货栈，使这些货物由此再行出口到需要它们的地方去，便可以增加航运、贸易、现金和国王的关税收入。这种做生意的方法，就是使威尼斯、热那亚、荷兰和比利时等低地国以及有些别的地方的地位得以提高的主要手段，而英国所处的地位是最便于达成这一目的的，因为我们要这样做，只要自己勤劳努力，此外别无所需。

8. 我们还应该看重和扶植我们在偏僻地区或非常遥远的国家里的一切贸易，因为这样除了发展航运业务和增多海员人数以外，把货物输送到那里，再在那里运货物回来，还可以替国家带来远较我们对于近邻地区的贸易为大的利润。譬如举例来说，假定胡椒在这里是经常值二个先令一磅，倘使它是从在阿姆斯特丹的荷兰人那里购来的，那个商人在那里或者要付二十个便士一磅，而他从这桩交易里便很可以赚一笔钱了；但是，倘使这一批胡椒是他从东印度采购来的，那么他所付的货价每磅最多一定也不会超过三个便士。这样便得到了巨大的利益，不但可以供应我们自用，而且我们每年还可以把很大的一部分（从这里）运到许多别的国家去，以更高的价格出售。因此这是了如指掌的事实，我们在这些印度的商品上所得到的财富，是大于出产它们的国家和本来拥有它们的那些人民的，这些商品本是他们的国家的自然财富。但是为了进一步了解这一点，我们必须将国家的利益与商人的利润分别清楚。虽然我们的国家对于胡椒所付之价，并不多于上面所说之价，同时我们的国家，对于任何其他购自外国各地的商品所付之价，也并不多于外国人所收到之价；但是商人所付出的，不但是货价一项，而且还有运费、保险费、关税以及其他在这些遥远的航程之中的极大花费。可是在王国的总账里边，这些都只不过是我们自己内部的彼此调款，对于王国的财物来说并无损失，同时与此应一块考虑到的，有助于我们其他方面的贸易的，就是我们通往意大利、法兰西、土耳其、东方国家以及其他一些地方的最为优越的航运事业，使我们能将每年从东印度采办来的货物都运到和卖到那里去。这很可以使我们鼓起勇气，竭尽全力来维持和扩大这一与公共财富、实力和幸福有重大

我们的国王和王国的最有利的贸易是在东印度的买卖的比例上。

我们从印度商品里得到的利润大于印度人自己所得到的。

一种分清王国的利益和商人的利润的看法。

关系的伟大而高贵的事业。(这样)靠着别国的财物而发了财,与靠着勤劳努力而增多我们自己的资财比起来,并不见得是不光荣和缺乏判断力的,特别是在后者的增进乃是由前者助成的时候,例如我们在东印度发现的情况就是这样,我们由于买卖大量的锡、纺织品、铅以及其他商品,在那些从前并不用我们的货物的国家里的销售量也日渐增加了。

9. 输出货币与输出货物同样都是很有利的,因为输出的货币也是用在贸易上的,所以它也会增多我们的财富,但是,为了弄清楚起见,我将在下一章里对此详细加以叙述。

10. 国家如果对于一切用外国原料制成的工业品,如天鹅绒和其他各种刺绣丝线、粗绒、捻丝等免去关税,乃是明智和有利的。那样,很多贫民便可以受雇就业,并且还可以大大增加我们每年输出到别的国家里去的货物价值,同时(为要达此目的)就要输入更多的外国原料,结果是增进了皇上的关税。我还记得这里仅仅在外来生丝的绕丝和搓丝的工作之中,就有了显著的发展,在三十五年之内,据我所知,该业并未在伦敦市区和郊区雇用过三百名以上的工人,而现在根据皇上的贸易员司在审慎的调查之后提出的可靠的报告,该业竟已雇用一万四千个人从事工作了。而且可以肯定,倘使上面所说的这些输往外国的商品,可以从这里免税出口的话,那么这种制造业还会大大发展,同时在意大利和荷兰的这种制造业就要相应减缩。但是倘使有人提出荷兰的格言——活着罢，并且也让别人能活，我就将回答说，荷兰人竟将他们自己的格言置之不顾，不但在这些王国里边侵犯了我们的生活，而且还要在我们进行贸易的其他外国地方（在他们势力之下的），对我们的合法的谋生途径加以阻碍和毁灭，从我们口里夺去面包。我们要防止这种行为，便绝不能只是设法躲避，就像近年来在我们之中有许多人所做的那样，那使我们这个素有声名的国家的荣誉受到了损害和侮辱。我们似应效法先人，走上更能使上苍喜悦和更符合我们往昔的盛誉的严肃而可尊敬的途径。

11. 对于国产品不要课以过重的关税也是很必要的，这样免得使外国人嫌这些商品价格昂贵而影响了销路。尤其是输入的外国货物，凡是又要再运出去的，就应该予以照顾，否则这样的贸易（可以替公共财富带来很多好处），非但不能繁荣起来，而且还难以立足。但是这种外来货物，如果是要在本国消费的，那就可以征课得重一些，因为这在贸易差额上会使王国处于有利地位，并且由此也可使国王，从他的每年入款里，积累更多的财富。至于这一特殊之点，我拟在适当的地方更详尽地加以叙述，我在那里将指出，一个国王可以很方便地积累多少金钱而于他的百姓毫无损害。

12. 最后，对于一切的事物，不论是自然的或人为的，我们都必须竭尽所能以求获得最大的效果。并且因为靠技艺生活的人，是远比种果实的能手多得多了，所以我们应该更加小心谨慎地使这大多数的人民群众能够努力工作，盖国王和王国的最大力量和富源，就是从他们的身上来的。因为在人数众多和技艺高超的地方，一定是商业繁盛和国家富庶的。意大利人雇用了较多的一批人，由于这些人的勤劳努力和加工来自西西里亚王国的生丝而获得的金钱，就比西班牙的国王和他的属民从这一丰富的产品获得的收入为多。在我们知道我们自己的自然产物，并不能使我们获得像我们的工业那样多的利润的时候，试问我们还要再找什么例证呢？因为在矿藏里的铁砂的价值，倘使与经过以下的程序——采掘，熔炼，运销，买进，卖出，铸造大炮、步枪和其他许多在战争中用做进攻和防御的武器，或制成铁锚、螺栓、大钉、小钉和其他类似的东西专供船舶、房屋、二轮马车、四轮马车、犁和其他耕具之用——之后的价值相比，就显得没有多大价值了。请将我们的羊毛与需要剪毛、清洗、梳理、纺、织、浆、染、整理以及其他种种修整工作的纺织品一比，我们就将发觉这些技艺的确可以比自然财富带来更大的利益，我还可以举出其他一些这样的例子，但我无须再讨麻烦，因为我如果对上述的这个或那个例子加以详述，我将可以找出充分的材料来写成一本大书。但是我的全部希望，只不过是要证明我所简要明了地提出来的意见罢了。

第四章　输出我们的货币借以换得商品乃是增加我们财富的一种手段

这一论题与一般的看法如此分歧，甚至于非有许多有力的论证予以证明，才能为大众所接受。他们在眼见任何数量的金钱从祖国流出时，都会大声叫苦，一口就认定我们已经丧失这许多的财富了，并且这就是直接违反已有长久历史并集中这个王国的智慧在国会制定和批准的法律；不仅如此，他们还以为西班牙本身就是藏金之窟，可是连它都要禁止现金出口，当然也有某些仅有的例外。对于一切这些意见，我或者可以这样解答：就是威尼斯、佛罗伦萨、热那亚、荷兰与比利时等低地国以及其他许多地方，都是准许货币输出的，它们的人民都是赞成的，并且还觉得因此而得到了很大利益。但是所有这些，只是争吵一番，不能证明什么，所以我们一定要提出关于我们所讨论的问题的那些理由来才是。

首先，我认为当然的是，除了通过对外贸易以外，我们就没有其他手段可以用来获得现金，这是任何一个有判别力的人所不能否认的，因为我们并没有出产金银的矿藏；而我已指出如何在经营我们所说的贸易上获得金银，那就是要使我们每年出口的商品超过我们所消费的进口货。所以,我们还要指出的,只不过是如何将我们的金钱加在我们的商品上面,使它们一块儿输往外国,从而我们可以获得更多得多的财富。

我们曾经将我们每年所消费的外货的价值假定为二百万镑,并且假定我们出口的货物是超过二百万镑的,而我们所说的这个超额的部分要以金银的形态带回本国结清账目。但是现在假使在我们原有的出口货物之外,再加上三十万镑的现款,(恐怕有些人将说)虽然我们因此就将比以前多带回这样多的现款,试问我们到底得到什么好处呢,因为我们明明以同等价值先行输出了的。

货币产生贸易,贸易增多货币。

对于这一点的答复是:在我们已经做好了商品出口的准备并且将我们所能节省下来的或我们所能吐出的一切货物,都送到国外去时,不能说我们还应该再加上我们的金钱以便立刻去获取更多的金钱,而是先要买进更多的外国货来扩大我们的贸易,等候时机到来的时候再把这些货物输出以大量增加我们的财富。

因为在这样的情形之下,我们的进口货虽然每年都在增多,得以维持规模更大的航运事业和更多的海员,增进皇上的关税和其他利益,但我们对于外来货物的消费,并未较前增多。所以,由于上述的现款输出而带回来的、这里所说的加多了的商品,归根结底,仍将成为我们的一种出口货,其价值远远大于我们上述的输出的现款。兹举如下三个不同的例子以资证明。

1. 我姑且假定，我们将十万镑现款航运到东方国家里去，购得净重十万夸脱的小麦装到船上，先运到英国存在仓库里，等到售价最好的时候再将它又输出到西班牙或意大利去，那么这批小麦在那些地方所得到的价款就不能少于二十万镑，这样不但使那个商人成为一个有了余款的人，并且按着这个计算方法，我们看出我们的王国也已获得加倍的财富了。

2. 再举一例来说，倘使我们像这样在更加遥远的国家里经营贸易，这种利润恐怕就将要大得多了。譬如我们运出十万镑到东印度去购买那里的胡椒运回本国，再从本国输往意大利或土耳其，在那些地方至少一定可以获得七十万镑。至于商人在那些长途航行里额外用在运输、工资、食料、保险、利息、关税、征课以及其他等项的支出，仍然全部都是国王和王国所得的收入。

远处的贸易对于本国是最有利的。

3. 但是在那些航程既短货物又贵所以利用航运也不多的情形之下，利润就将少得多。譬如另以十万镑在土耳其购买生丝，先行带回本国，然后再从本国输往法国、荷兰与比利时等低地国或德国，这位商人就有厚利可图了，虽然他只能在那些地方卖十五万镑；这样，以这几次买卖的折中数目来说，我们所输出的金钱就将以多于三倍之数回到我们这里。但是倘使还有人要反对，以为回到我们这里来的东西都是货物而不是真正的金钱，好像我们所付出的一样，那么：

答案（依照我们的首要原则）是，倘使我们每年对于外国货物的消费量，并不多于我们在上面所假定的，并且我们的输出量像上面所说的那样，由于用现款交易的方法而如此大增特增起来，那么所有一切顺差或差额就只能以货币的形态，或以我们一定要再出口的货物的形态，回到本国来；而再出口的货物，也将成为使我们的财富增多的一种更为重要的手段，这是我们已经明白指出了的。

因为国家对于它的财物，正像私人对于他们的财产一样，不能因为他们有了货物就断定他们不敢再冒险了，也就是不敢再拿出钱来做买卖了(因为这样是不近情理的)。他们一定还会再拿钱去换成货物的，因为这样他们才能增多他们的钱，并且由于这种不间断的和规律的由一种东西换作另一种东西的变化，他们就逐渐富有起来了。而一旦他们乐意的话，便可以将全部财产都变换成金钱，因为有了货物的人是不可能会缺钱的。

谚云：凡是有商品的人一年到头是有钱的。

有种说法也是不对的，以为金钱就是贸易的生命，好像没有了金钱，贸易就不可能存在似的；因为我们知道当世界上还只有少量的钱币在流通的时候，就已有了交换或以货换货的大规模贸易了。意大利人和别的一些国家的人们，对于缺乏现金都有补救的办法，不致使他们的贸易因之而衰退或受到阻碍，因为他们使用转账的办法，而且还有公营和私营的银行，只要在那里动一动笔，从一个人的名下把款转到另一个人的名下，每天就可以毫不费力和满意地将数目非常大的款项转账，同时，在适当的时候，还可以将构成这种信贷的基础的大量现金作为商品，用之于对外贸易。并且在他们的国家里边，因为通过了以上所说的手段，他们就只需少量的货币用做日常开支，此外就别无多大用处了。所以我们要促成一种加快和加大的贸易，并不是要将金钱都保存在王国之内，而是要使外国需要和使用我们的货物，同时使我们对于它们的商品的需要能够促进各方的吐出和吸进。倘使我们从前是贫穷的，而现在已经由于贸易而存了一些钱，并且决定将这笔钱仍旧保存在祖国之内，试问这样可以使别国对于我国商品的消费较前增多吗，试问我们可以从而说我们的贸易是加速和加大了吗？不，实际上它不会产生这样良好影响的。而且依照促成时间变更的真正原因来看，恐怕与我们所指望的将适成其反；因为一切的人都承认，在一个国家之内，货币数量如果过多的话，就要使本国的商品更为昂贵。在个别的私人收入方面来说，固然这是有利于他们的，可是在对外贸易数量方面来说，这是不利于国家的。因为钱多会使物价高，而物价高就会使它们的用途和消费量减少，正像我们在上一章明白指出的关于我们的纺织品的情形一样。这对于一些大地主们，虽然是难以忍受的教训，但是对于全国来说，我相信这是我们所要留意的真正的教训，否则当我们靠着贸易赚到一些钱的时候，我们就会因为不拿我们的钱经营贸易而再失去了它。我知道在意大利曾有一个（享有盛名的）王公，斐迪南一世，即多斯加尼的大名鼎鼎的公爵。他因拥有极大的财富，故能按极低的利息，将大量款项借给他的商人们，借以增进他的贸易。我自己就向他借过一万镑用了一整年而并不给息，虽然他知道我立即就要将此款以现金输往土耳其的某些地方，专为属于他的地方购买种种用品，因为他很知道这样的营业的结果，一定会(像一句老话所说的)口里叼着一只肥鸭回来的。这位显贵的和勤勉的王公，由于他对商人们的业务予以鼓励与优待的一番用心和关怀，结果就这样地促进了贸易，致使在一切属于他的国土里边的贵族或绅士，几乎没有一个不是自行经营或与人合伙经营贸易的。因此在这三十年之内，他的商埠莱亨的贸易，就大大增进，甚至使这个贫穷的小市镇(我亲自知道它)，现在竟成为一个美丽和强盛的都市，成为所有基督教国家之中最以贸易著称的地方之一了。而值得我们注意的是从英国、荷兰与比利时等低地国以及其他地方来到这里的无数的船舶或商品，都几乎没有办法从那里换回货物去，所以只好从那里带回可以随便在什么时候带回去的现金。这对于这位伟大的多斯加尼的公爵和他的居民们来说，是获益匪浅的，因为他们之所以能够大大地富有起来，就是由于从一切邻国的商贾络绎而来，云集该地，天天带来很多现款，以满足他们对于所说的那些商品的需要。并且因此我们就看到，川流不息地进来的商品，一面要将他们的现金取走，一面却又川流不息地再替他们带回更多的现金。

还有一个或两个反对的理由，也是像所有其他理由一样的软弱无力。那就是，倘使我们拿我们的钱去经营钱业，那么我们出口的货物就将少了。这就好像一个人竟会说出最为荒谬的话一样，以为那些以前要用我们的纺织品、铅、锌、铁、鱼以及其他商品的国家，现在既然要用我们的货币，就不能再用这些必需的东西了；换言之，就是等于说，我们的商人只会出口仍将依然如故而毫无增益的货币，而不愿出口常常是有利可图的商品了。

但是相反地，我们在许多国家里边，可以用我们的货币来进行很有利的贸易，否则它们根本就不能与我们发生贸易关系；因为它们并不要用我们的货物。譬如东印度群岛在最初的时候，就是这样的一个国家。虽然以后由于我们同那些国家在商业上的努力，已使它们用许多我们所产的铅、纺织物、锡和其他的东西，从而在我们先前的商品吐出量上，又增加了一个相当大的数量。

还有些人以为，准许货币出口的国家，都是因为它们自己能供出口贸易的商品太少或没有的缘故，而我们的商品储存量很大，所以不应以他们的做法为我们的榜样。

对于这一问题的简括的解答，就是倘使我们有了这样大数量的商品，足以能全部供应先前是从海外来的我们所需的东西，为什么我们还要怀疑，我们在贸易上输出的货币，是否一定会以现金的形态收回，是否同时还带来因此而得的庞大利益，好像我们在上面所说的那样呢？并且从另一方面来看，倘使那些输出货币的国家之所以这样做的理由，就是因为它们自己的货物不多的话，那么它们怎么能有这样许多财富，好像我们常常看到的那些听任现金在任何时候或由任何人输出的地方一样呢？我的解答是，**正是用它们的货币来经营钱业**。因为本国如没有金矿或银矿，试问它们还能用什么别的手段得到现金呢？

我们人类的行动特别是应该按照其最后结果来估价。

这样我们就可以看清楚，对于这一重要营业的最终后果有了正当的估价时，正像我们对于一切人类行动都应好好加以权衡一样，我们就会发现这种营业的性质与大多数人对于它的估价，在很大程度上是背道而驰的。因为他们只在这种工作的开始(指资本输出——译者)上着眼，而不更进一步加以探究，致使他们根据不正确的意见作出判断而犯了错误。因为我们倘使只看到农夫在下种时候的行为，只看到他将许多很好的谷粒抛在地上，我们就会说他是一个疯子而不是一个农夫了。但是当我们按照他的收获，也说是他的努力的最终结果，来估值他的劳动的时候，我们就会知道他的行动的价值及其丰富的收获了。

第五章　对外贸易是提高我们的土地价格的唯一手段

常言说，一切东西的贵贱乃是货币的多寡所使然的。并且这种货币，正像我所说的一样，乃是在对外贸易中由其顺差或逆差而得来或失去的。我现在还要指出的，就是那种表面的货币充裕现象与唯一能够实际担负起致富的任务的那种货币因素区别开来。因为有许多的方法，可以替国家带来很多货币，但是由于随着这种变更而来的种种麻烦，不但不能使国家致富，反而会使它贫困了。

作为第一点来说，倘使我们将我们的金银器皿都融铸成硬币的话（这是有损如此强大的王国的尊严的，除非是在极端贫困的场合下），我们确实可以一时就有了充裕的货币。然而我们并不能因此而更富一些，却会使由于这种改变而形成的金银更易流出本国，倘使我们在外货进口上有了入超，或者我们在海上或陆上要进行战争，而士兵所需的衣食和军需，都不是以本国物品来供应的，那么我们的金银很快就将因为这种不测之灾而消耗净尽。

其次，倘使我们以为让外国的硬币，与我们的本位货币相比，可以以高于其实值的兑换率予以通用，或者将我们自己的币值减低或提高，以求获得大量货币的话，恐怕这些都是各有各的麻烦和困难的（以后我还要说到的）。而即使我们承认，通过这样的做法，会有很多货币流入我国，可是我们却不能更为富有起来，同时这样得来的金钱，也不能长久为我们所有。因为这种货币倘使是由外国人或英国商人带进来的，那么就要付出很大的代价，不是要换取已经取走的商品，就是要换取将来输出的商品。这样，除非我们消除了耗尽我们财富的浪费和战争这两个祸根，这笔进来的货币是不会对我们有所补益的。倘使不是这样的话，那么，一个人专为图利而带进来的货币，就将是另一个人所必须送出去的；因为我们与外人的账款必须常常保持平衡，虽然在货币兑换率上的损失以及万一受到法律阻止而被没收的损失也要加以考虑。

我们必须怎样获得现金使之成为我们自己所有。

这一桩事情的结论，约略就是如此。只有从我们的对外贸易的差额所带进我国的财富，才是会留在我们之间，并且从而使我们致富的。这样（而且只能是这样）得到的绰有余裕的金钱，一定能够使我们的土地加价。因为一批相当可观的纺织品和其他物品，一经商人输往海外以后，他马上就要回来收购更大数量的货物；于是便使得我们的羊毛和其他商品的价格提高了，因此地主们的地租也增加了，盖土地租约天天都有期满的。这样做也可以赚来钱，大量带回本国，于是许多人便可以买地，又使地价上涨。但是我们的对外贸易，倘使由于在国内受到忽视或者在国外受到损害而停顿下来或日趋下游，因此这班商人们都日趋穷困，我国货物的吐出量也一减再减的话，那么我们所说的一切利益一定都要消失，并且我们的地价一定要一日低于一日了。

第六章 西班牙的现金，不能因为在西班牙国内所颁布的任何禁令，就不流入其他国家

在世界各处所发现的全部金矿和银矿，还不如西班牙国王在西印度所拥有的金矿和银矿的价值大。凭此他不但能够使在意大利和其他地方的相当不少的国家和藩属（这些地方，若不是因为这个缘故，就都立即要与之分庭抗礼的）都甘拜冕旒，而且还能够在继续不断的战争中，依仗他的有利地位，更加扩大他的领土，甚至野心勃勃地要想靠着他的金钱力量来称霸天下。金钱就是他这样远远地伸张到这么许多国家去的力量的命脉，他甚至还想靠金钱的力量使它们都联合起来，同时使自己在战争与和平时期的物资供应能够从一切基督教国家的各个地方源源而来，从而这些国家也就由于商业上的必要性，成了他的金钱的分得者。因此西班牙的政策，一贯总是竭尽全力地防止阻挠其他一切国家。因为西班牙人感到西班牙本土是如此贫瘠和缺乏生产力量，甚至不能供应其本国或西印度群岛所迫切需要的来自外国的货物，所以他们深深知道：当他们国内的产品不能满足这一要求的时候，他们就必须动用他们的货币来

西班牙与东印度群岛进行贸易的政策和利益。

弥补这一缺陷；于是他们就在从西方所获得的金银又加以从东印度群岛的交易上面找到了一种莫大的利益。因为在交易里边要用到的是金钱，所以他们就无限度地收藏了丰富的货物，以便与基督教国家的各地区交换商品。这样，他们一方面可以得到自己的必需品，一方面又可以防止别人取走他们的金钱。就国家来说，他们认为这样将金钱输送到遥远的印度人那里去比输送到邻近的国王那里去危险性较小；因为这样可以免得使这些邻近的国王增强了对敌人的防御（假使不是进攻）的力量。而这种与人为敌的西班牙政策更可令人注意的地方，就是步步做得专为他们自己的利益着想。因为他们输往东印度群岛的每一个银圆[①]带回到本国的那么多货物，要是在他们的欧洲邻邦里（至少是）就要多花五个银圆，尤其是在他们独占这种贸易的时候更是如此。但是这一巨大的财源，现在已经不存在了，并且像西班牙人一样多的英国人、荷兰人以及其他国家的人的参与东印度贸易，已将那种独善其身的病根消除了。

我们还可以进一步考虑的就是西班牙人除了没有力量以自己的产品去换取他们所需要的外国货（因此他们不得不动用货币以满足需要），他们还有那种好战的毛病，因此将他们的财富都毫无限制地消耗尽了，并且

① 原文为 Ryals of Eight，也有称 piece of eight 者，即自前清直至国民党改用法币的前夕止，在我国也曾通用的墨西哥银圆的前身，曾流行于世界各处。——译者

都分散在基督教国家之内，甚至分散到他们的敌人那里去了。其中有一部分是因为受到报复而被劫走的，而特别重要的是因为要维持那些由外国人组成而且是屯驻在如此遥远的地方的军队，西班牙人既不能供给他们衣食，又不能另想办法以本国的财物粮秣去接济他们，他们必须从其他国家得到补给。这种战争与一个国王在本国的疆域里边进行的战争，或者用他的海军在海上进行的战争，是大不相同的。因为在国土以内和在海上进行战争，士兵们所得到的薪饷，一定是每天要拿出去购买必需品的，所以一切的金钱，虽然由国王花出去了，但仍留在本国之内。但是我们看到西班牙人（相信金钱的力量）是在日耳曼和其他遥远的地方发动战争，这种战争很快就会使基督教国家中最富有的王国耗尽他们所有的金钱。金钱的缺乏，很快就要使军队陷入混乱纷扰的状态，正像握有货币泉源的西班牙本身，有时当他们的金钱在途中被敌人暴力劫走，或者由于他们自己的原因以致金钱入不敷出的时候，发生的纷扰一样。因此我们也常常看到西班牙国内缺乏金银的情况，甚至他们不得不采用低劣的铜币，以致使他们的贸易发生了非常混乱的现象，并且也使他们自己人民中的许多人的事业败落了。

不同的战争对于财富的影响。

　　而这样我们已经看到西班牙的金钱之所以散落到世界上这许多地方去的原因了，同时不妨再让我们看一看各个国家，怎样和按着什么比例，来分享这些金钱，因为我们获悉土耳其和其他许多国家，虽然与西班牙没有进行贸易，却获得了很多西班牙的金钱；这与我们在上面所说的，这种金钱必然是由贸易而来的理由，似乎是有出入了。但是为了弄清这一点，我们必须了解一切国家（自己没有金银矿的国家），可以通过同一个方法，即上面所指出的以对外贸易的差额，来增多它们的金银。而且要达到这个目的，也并不是一定要到那些有金银财源的国家去才能办到，只要依照以上所指出的那些惯例和意见去做就行了。假定英国，通过与西班牙的贸易，可以每年获得五十万个银圆，倘使我们又在对土耳其的贸易上失去了这笔钱并将这一笔钱都输往该国，那么得到这一笔钱的不是英国人而是土耳其人，虽然土耳其人与这笔贸易的最初出处西班牙并未进行任何贸易。再说英国罢，它在土耳其受到这样的损失，可是却从法兰西、意大利和与它进行一般贸易的其他国家那里，获得了加倍的钱，于是它在贸易差额上还将有五十万元的净利。并且这种比较，不但在获得金钱的方法上而且在每年所获得的比例上，都可应用到其他一切国家之间。

但是，倘使再要提出这一个问题：是不是一切国家都得到了金钱而只有西班牙一国失掉了金钱呢？我的回答是否定的。因为有些国家由于战争或浪费，将它们所得到的又都丧失了，正像西班牙一样，将它自己所有的也尽失之于战争和货物的补给上了。

第七章　对外贸易的各种利益

在进行对外贸易的过程中，就有三种利益。第一是国家的利益，那是可以在商人（他是国内的主要代理人）丧失利益的时候获得的。第二是商人的利益，它是有时可以既公平又正当地得来的，虽然国家要成为损失者。第三是国王的利益，这是他在任何时候一定会得到的，即使是在国家和商人双方都成为损失者的时候。

关于其中的第一种，我们已经充分地指出可以使一个国家在贸易过程中致富的种种方法和手段了，所以用不着在这里再加以重复了，我在这里唯一还要说一下的，就是这种幸福遍及全国的时候，或许正好是商人们无法与众共享的当儿。例如，假定东印度公司将十万镑送到东印度去，并且由这十万镑带回了不折不扣的三十万镑；因此我国的这一部分财富明明是增加到三倍，可是我可以直言不讳地说，我能够充分证明上述的这班商人们的公司，在这次贸易上至少将有五万镑的损失，如果他们按照欧洲各地的销路和使用量办回来香料、蓝靛、棉布、安息香、精制的硝和其他这一类的笨重货物的话。要知在这十万镑本金之外，还须加上不会少于二十五万镑的运输费、保险费、国外经理人和国内职员的费用、货物的存耗费用、皇上的关税和征捐以及其他零星杂费等等，因而这笔买卖要有以上所说的损失。并且这样我们就看到，非但国家而且国王也由关税和征捐而获利匪浅，尽管商人必须受到重大的损失。这就给了我们一个很好的机会，在这个问题上细想一下，倘使万事都顺利，以致商人也能与国王和王国一样，是个获得利益的人，那么我们的祖国就会因为这种可贵的贸易而增加多少财富呢。

其次，我认为一个商人可以本着他的追求完美的努力，来经营商品的输出和输入，在有利于他的时候，再将它们卖出或买进，以求获得他的劳动目的所在的可观的利润。虽然在同一时候，国家将因人民骚扰滋事的缘故而日益衰落和贫困下去，同时还因要装点门面和其他种种奢侈浪费的缘故，使我们消费的进口货的价值，超过了我国财富所能胜任的程度，而且也不能用出口我们自己的商品来抵付——这就是一种乱花滥用不自量力的人的品质。

最后，国王始终是可以通过贸易而必有所得的，即使在国家和商人都要像上面所说的那样，有时各自或一起受到损失的时候，即使在我们所消费的进口货超过了我们的出口商品，而商人所做到的也没有比上述的更好一些的时候。

但是，在这里我们不能这样广义地来看待国王的利益，因为，若是这样，我们或者就可以说虽然本国的贸易损失了一半，而皇上还是有所收益的。我们姑且假定我国现在全部的进出口贸易额，每年约值四百五十万镑；但尚可以，由于更多的外货输入和消费的缘故，每年再增二十万镑。由此，我们知道国王一定是约近二万镑利益的获得者，但国家是这消耗在奢侈浪费中的整个二十万镑的损失者。当贸易有利于国王而这样地增进的时候，商人就又将是损失者了。可是归根到底，国王必将受到最大的损失，倘使他不设法防止这种要使他的属民都陷于穷困的那种浪费行为。

第八章　提高或贬低我们的币值，既不能使国家增多现金，也不能防止现金输出

一个国家的货币，通常是依三种方法来改变的。第一，各种单位的硬币，如金镑、先令或便士等，都是可以使之较前提高或减低价值[①]流通的。第二，这种硬币虽然分量已经改变，但仍按以前的价值继续流通的。第三，本位货币的金银成色，不管贬低还是变好了，但仍按它们以前的价值继续流通的。

---

① 指法定价值。——译者

当国内的货币不足或有余的时候，我们就会发现有许多人能够运用他们的头脑，立即就抓住机会，将所缺的补足，将所余的保藏起来，以达避害就利的目的。因为，他们说，货币价值提高，各处的硬币就会因为有利可图而流入我国；而货币的成色或重量减低了，就只好保存在国内，以免受到损失。但是这些人只因这件重大事情的开端，就洋洋自得起来，竟不考虑事情的发展和结果，而这却正是我们应该特别予以考虑和努力的。

货币是衡量我们的其他物资的尺度。

因为我们必须明白，货币不但是衡量国内其他一切东西的准确的尺度，而且也是我们与其他各国的人在国际贸易上所用的尺度，所以应该保持它的公正和稳定，以免发生必定随着它的变化而来的那种混乱现象。就先说本国吧，倘使这种共同的尺度变化了，那么我们的土地、租约、外国和本国货物的价格，也都必定要依比例而更改的。并且这种变更，虽然对于某些人是无须多大困难和损失，就可以对付过去的，可是在短期之内，困难和损失还是难以避免的。因为受人重视的不是我们的金镑、先令和便士的名称，而是我们的硬币的内在价值。我们没有理由对于货币加上任何高于其实值的估价或价值，即使我们是有权力这样做的。因为这就是特别替西班牙服务了，并且这是一种使从另一个国王那里来的商品价值提高，以致危害我们自己的行为。危害本国人民到这种程度的这些措施，也不能像有些人所想的一

一种值得注意的对西班牙的服务。

样，对国王有什么好处。因为减低货币的成色或分量，虽然可以替造币厂带来一种目前的利益（只有一次而已），可是在皇上将来的大量收益里，这一点利益，甚至还有更大的利益，便会很快地再行失去的。因为这些收益一定要年年都用实值较先前少的货币来交纳。我们也不能说，国家的全部损失都会变成国王的利益，这二者是有天壤之别的；因为一切人的财产（无论是租约、土地、债务、货物或货币）都必定要按着比例受到损失，而皇上将得到的利益，只不过是取之于新铸的货币而已，比较起来，这点利益实在是微不足道的。虽然还有很大一批人，拥有其他可以货币核算的财产，而且每人或多或少都有五千镑至一万镑，合计约达数百万镑。但是他们并不是立时就有这样多的全部货币。因为，他们为了家庭必需开支而手边经常保有四十或五十余镑，恐怕还是为的顾全面子和牺牲了可以以此生利的机会的。至于其余的货币，就必定是在他们为了图利的贸易中，经常在他们之间川流不息的。这样我们就可以明白，这一点点货币（作为我们其他一切东西的价值尺度），就能每天对一切的人，各按其公正的比例，统治和分配一切大事。此外我们还必须知道，我们的许多旧币是磨损减轻了的，因而造币厂就不能在它们身上获利，同时在重币身上的利益，也会使我们的机警的邻国人带来一大部分的重币，立即就换得较多新铸的硬币带回去了。我们一点也不必怀疑，在我们自己的同胞之中，一定也会有某些人，因为贪图这种利益

在这个王国里边的现款估计为一百万镑左右。

而私铸私运货币，所以这样的更改货币的成色或重量，归根结底，对于皇上是一点好处也没有的。

但是有些人还要说：倘使皇上将币值提高，大量的硬币也就会从外地送到我们的造币厂来了，这是我们从经验里边知道的，近年我们曾因金价提高百分之十的缘故，使大量的金子流入我国，其数量之大，为我国过去所从来未有的。既然这是我所不能否定的，所以同样我也不否认这一事实：这批金子已将我们的全部或大部的银币（不是磨损过甚的或太轻的银币）都带走了，正像我们在目前使用品质不同的各种货币的情形中，极容易看到的一样。并且所以有这种转变是因为我们的银价没有向金价按比例拉平的缘故，以致使商人用金子把在交易上获得的利益带回本国较之用银子带回本国有利。

其次，倘使我们的货币是不稳定的，并且因此就违背了国外贸易的法则，那么其他的国王在这些情况下，是会提高警惕，立刻就与我们的货币成比例地更改他们的币值，而因此我们能够希望点什么呢？或者，即使他们不更改币值，我们又能够希望点什么呢？因为倘使在外国商人带来他的商品时，发现我们的币值提高了，难道他不会也保留着他的商品以待善价而沽么？并且，商人对于外国所用的外汇难道不会跟着我们的货币而按比例提高么？既然一切这些话，无疑地都是一点也不错的，那么可不可以在币值提高之后，将我们的货币像在改变价值之前一样，照样输出国外，并且照样赚得这么多的利润呢？

但是也许有些人还将说：倘使我们的币值提高了，而其他的国家没有提高，那么就将使较前更多的金银和外国货币流入本国了。倘使要达到这样的目的，那么便一定要通过已经有商品出口的商人或通过要购买我们商品的商人才行。而这两种途径，没有一种能够凭着这种技术，得到多于货币改值以前所可获得的利益或好处。因为所说的他们的金银和外国货币，按着我们的金镑、先令和便士来计算，要比先前换得更多了[①]，可是在这些改铸的货币的成色较前为次或分量较前为轻，所以兑换的比例相应提高了的时候，试问从事贸易的商人，到底能够由此而得到什么呢？所以我们可以看得清清楚楚，这种革新的创举，不是使财富流入本国的好办法；并且也不能使我们在获得了这种财富之后，将它保存在这里。

第九章　准许外币以高于其实值的比率与我国本位货币兑换并在我国通用，不会增多我们的财富

商人必须或者应该知道外国硬币的重量和成色。

精打细算的商人，为了要在世界上那些他做惯了生

① 即以同样的金银或外币可换较多的新英币了。——译者

意的地方，能够更好地办理他的来往贸易和汇款，必须细心研究依据各国货币的分量和成色与我们的本位货币相比较的平价或相等的价值，从而他才能丝毫不差地获悉他的营业的准确利润或损失。并且我深信，我们与许多地方贸易，只能每年在那里脱售大量我们本国的商品，却不能在那里找到几种或任何我们适用的货物，因此我们就只好带回现款。我们或者用这些现款到其他某些国家里去换取我们所需要的物品，或者换成金银带回祖国。这种金银，在我们国内支付的时候，准予以高于用之铸成的英币的价值通用。这样，较大数量的金银看来大概很可以流入国内了；但是在应该考虑的情况都考虑了以后，我们就将发觉，这像其他一些增加我们财富的途径一样，也是走不通的。

第一，这种姑息办法本身，就破坏了互相交往的规律，并且将促使其他的国王实行同样的或更加厉害的抵制我们的种种办法，而我们的希望就要落空了。

第二，倘使货币是我们的其他一切财富的真正尺度，而姑且准许外国货币以高于其实值（与我们的本位货币相比）的兑换率在我们之间通用，那么跟着而来的就是公共的财富不能公正地分配了，因为衡量它的尺度是不正确的了。

第三，倘使在我们的和外来的硬币之间的利益[①]是

① 指以外币兑换英国货币时所获得的利益。——译者

很小的，那么带进国内的金银便会很少，或者完全没有；因为商人宁愿输入货物，那通常总是有一笔很可观的利润的。从另一方面来看，倘使我们予外币以莫大的利益，那么，那种利益就将带走我们的一切基本的货币。这样，我就只好让这种营业处于进退两难的情形之下，同时是不会有什么效果的；因为所有其他办法始终是要从我们的总的贸易差额里找得利益或损失的，正像我还将进一步予以说明的那样。

第十章　使外国人遵守现金使用法令[①]并不能增加或保全我们的现金

将我们的货币保存在国内的这件工作，就其所需的技巧及困难程度来说，并不下于去增多我们的现金。因为保存货币和增殖现金二者的性质是相同的。凡是外来的物品，必须用以换取我们的商品的这种法令，最初看来，似乎是一种又妥善又合法的手段，使我们可以达到所说的目的；但是在仔细研究以后，我们就将发觉这

① 原文为 Statute of Employment，系一种禁止现金出口的法令，禁止外商把售出输入的货物所得的现金输出，只许用来购买货物出口，故也可译为“外商进口货款使用法令”。——译者

条法令，不能产生那种良好结果。

一切的国家采用的对外贸易的方法是差不多的。

因为一切国家在对外贸易上，都会采用同样的方法，所以当我们在这一重大的事情上，只是谨慎地按着我们自己的步骤去做，不仅要寻找我们自己的商品的销路，以资换得我们所需要的外国商品，而且还要得到现金使我们更加富有起来的时候，我们就不难看到别的国家，将会在它们国家内做点什么了。一切这些做法，都是要用不同的方法，依着我们自己的需要和我们所要与之贸易的地方的性质来决定的。例如在有些国家里边，我们出卖了我们的商品，并且带走了它们的货物，或者有一部分带走的是货币；在另一些国家里边，我们出售我们的货物，并且得到它们的货币，因为他们很少有或者没有合乎我们需要的货物；还有在一些地方，是我们需要它们的商品，而它们并不用我们的商品，所以它们就拿到了我们从其他国家得来的货币。这样，各个国家通过贸易（它是随着时间的变迁而转移的）的途径，便得以互通有无，并且共同完成整体的贸易——在任何时候它都会衰残下去，倘使它的健康受到国内的奢侈浪费，国外的横暴无理以及国内外的各种征课和限制等疾病侵蚀。但是我在这里只有必要谈一谈限制的问题，这是我要略略提一提的。

对外贸易是怎样被破坏了的。

一个商人可以有三种办法，从海外获得抵付他所出口的商品的货价，那就是带回货币、商品或汇票。但是现金使用法令就不但限制货币(似乎是深谋远虑和正义的),而且还限制用票据汇款。这就违反了商业上的法则,并且的确是世界上我们与之有贸易的任何地方所未尝有过的一种措施。因此我们要考虑到的,就是无论什么法令(属于这一类的),凡是我们将在本国加之于外人身上的,也会立即在他们国内制成法令而加之于我们身上的;尤其是我们与之有最大的贸易而存有戒心的邻国,它们都是竭尽心力和无时或息地要使它们的贸易,能与其他国家同样享受到平等的权利。因此首先我们就将丧失我们现在所享有的可以将现金带回本国的自由和便利,并且因此我们还要失掉我们输往各地的许多货物的销路,而我们的贸易与我们的现金就将一块消失。

其次,倘使通过所说的法令,我们将我们的出口货物(多于平常)硬要卖给外国人,那么这些货物就必须从英国人的身上挤出来。那是对于我们自己的商人、海员和航运事业都有害的;同时还要使整个的社会,在售出本国货物的时候,受到这样的一种损失——即在国内对外人出售的价格,一定要大大低于我们在他们自己的国家里出售给他们的价格,正像我们在第三章里边所证明的那样。

第三,其实我们已经充分指出了,我们的进口商品的价值,倘使超过了出口商品,那么我们的货币就必须流出去了。我们怎能将外国人的手捆起来,不使货币流出,而独独使英国人的手得以为所欲为呢？难道促使它们现在这样去做的理由和利益,不是已有先例可援么?否则,倘使我们制订一种法令(并无先例可援的),将外国人与英国人的手都捆起来,一概不使货币流出国外,那么我们岂不是将一切都立即断送了么?国王断送了他的关税,而国家断送了它的利润;因为这样的一种限制,必然要在相当大的程度上,将贸易摧毁掉的。要知道,促成广大贸易的种种原因和地方,必须要有一些输出和输入货物的人;有些人只要输出,另一些人只要输入,还有些人要将款汇出去,而另一些人要将款收进来;有些人是要将货币送出去,另一些人是要将它带进来。而数量较多或是较少,是要依靠我们在国内能够善于经管或有了盈余而定。只能在这种情形之下,倘使我们又有一种严密的法令的话,那么其余的一切就能够顺利进行了;倘使做不到这一点,那么一切其他法令就是一纸空文,即不能替我们保全现金也不能使我们获得现金了。

最后,假使有人说,我们应该有一种包括英国人和外国人都在其内的法令,务必一律禁止货币流出本国,那么我们对于这种异议,不能不予以答复。倘使这种法令,要使我们在贸易自由时的那种发达的贸易变得衰落不堪,从而阻碍了货币流入,试问我们能因此而得到什么呢?这种药是不是比患病的害处还大得多呢?试问当国王的收入,我们的商人、海员、航运、技艺,财富和一切都与我们的贸易一块儿衰落下去的时候,难道我们的生活仍能像英格兰人而不会更像爱尔兰人了么?

有些人说，是的，但是我们还有较此为好的希望吧；因为这种法令的用意，是为了要使一切输入的外国商品，必须都交换我们的商品，从而将我们的货币都保存在国内。这样看来，无疑地，我们必须输出的自己的货物，务须超过输入量，以便带回与这个超额的价值相等的现款。

虽然这已经被上述的理由完全否定了，但是现在为了不再争辩下去，我们仍将予以认可。因为，倘使别的国家吸进我们的商品的确多于我们吸进它们的商品，那么我就可以肯定地说，即使没有采用这项法令，这种超额必然也会以现金的形态带回本国的。所以这种法令，不但是徒然的，而且还是有害的，正像其他一些类似的限制一样，当它们完全显露出来以后，就会完全被人发觉了的。

第十一章　勒令输出鱼、谷物或军火的商人将售价的全部或一部以货币形态带回，并不能增多我们的现金

在一个国家里边，凡是战争所需的食料与军火，都是非常宝贵的，以致似乎必须完全限制它们出口，否则（倘使因为有富余而准其出口的话）就须以之换回价值

相等的现金。这样做似乎是合理的和没有困难的，因为西班牙和其他许多国家，是乐意拿出货币来换取这类物品的，虽然在他项贸易上，它们是绝对禁止货币输出的。以上所说的一切，固然是真的，可是我们还须考虑的，就是利用所有的途径和手段（在贸易的过程中）驱入本国的现金，并不能因此就为我们所有。因为获得现金的唯一途径，就是要通过一种合法的营利，而除了我们在贸易上的出超以外，就别无他法获得这种利益，可是这种出超是要因为种种限制而减少的。所以这种限制，乃是增加我们的现金的绊脚石。这种论证是清楚明了的，无须用其他理由来使之更为有力，除非有人竟狂妄到以为一切限制都不会使出口量减少的程度。但是即使承认这种说法，同时还勒令外国商人必须用现款来购买我们的食料和军火出口，而到了一年之末的时候，我国也不能多得一个便士。因为凡是在一方面强取进来的，一定要在另一方面再泄出去，只有由于贸易出超的缘故而获得的，并且成为祖国财产中的组成部分的，才将是我们留下来和保持着的。

某一些限制阻碍了贸易。

这种道理是可以用一个英国人做例来说清楚，譬如他有机会买了而且也消费了许多不同国家的价值六百英镑的商品，并且将他自己所有的价值一千英镑的商品，出售给所说的那些外国人，并且立刻就从他们那里将所有的现钱全都挤到他自己的势力范围之内；可是在清算他们之间的账目之后，就只留下由于商品的买进与卖出之间的差额而来的四百镑，是属于上面所说的英国人所有的；而他所得的其余的现金（六百镑），就回到他所挤它出来的地方去了。这就足以说明我们可以用一切的方法，将货币都挤入本国，可是将留在我们这里的，只能是我们在贸易差额上所得到的那样多。

第十二章　在国内或海外以汇票交款或收款时贬低我们的币值，并不能减少我们的财富

商业汇票是一种手段，而且是一种实际应用的东西，可以使得商人们在一定的时候和在双方同意的兑换率之下，从一个国家将现金交付出去，再在另一个国家收回；所以放款者与借款者都很方便，无须从这个国家搬运现金到那个国家去。

这种在人与人之间形成的汇兑，并不是完全根据各种货币的分量和成色在它们的平价上订定的。首先是因为汇钱出去的人，一定要考虑到债务的风险性和债款到期的展缓期限；但是在汇兑上使各种币值压低或提高，乃是由于在进行汇兑的地方的现款供应有了多寡的缘故，例如，当这里有很多现款要交付到阿姆斯特丹去的时候，那么，我们的币值，就要在汇兑上被压低了，因

为收我们的货币的人，既然看到有这样多现款争先恐后地交到他们这里来了，一定就要借此图利，按压低了的价值收进。

而反过来说，当这里要交付到阿姆斯特丹去的现款很少的时候，那么，交款的人，也将同样处于有利的地位，以提高的币值交付。由此我们就可看到，一个国家的货币的或多或少，会使一切的东西或贵或贱。而在汇兑的过程中，货币本身总是要起相反的作用；所以我们在下面就应该指出这种后果的真正前因。

货币多了就要使它在汇兑上贬值，并且要使一切其他的东西增值。

既然货币的多少，要使汇价提高或减低，所以我们的贸易的顺差与逆差，实际上就会使货币的数量增多或减少。同时在这里我们必须了解，我们的贸易差额，有的是总和的，也有的是个别的。当我们的每年的对外贸易的价值都加在一块的时候，正像我已在前面说过了的一样，那就是总和的。当我们对于意大利、法兰西、土耳其、西班牙和其他的国家都分开来考虑的时候，那就是个别的。并且凭着个别的来看，我们就将丝毫不错地找出我们的货币在汇兑上被贬值或增值的地方了。因为，虽然我们的商品输出总值可以年年多于输入总值，而其差额都是用同样多的现金付给我们的；可是我们对于个别国家的贸易，情况就各有不同了；因为荷兰、比利时等低地国带到我们这里来的东西的价值，也许是多于我们售与它们的。倘使如此，那么低地国的商人们，不但要取走我们的现金来平衡彼此之间的账目，而且因此这里要汇出去的现款就多起来了;所以我们的币值就要被承汇的商人们压低了,正像我在前面已经说过了的一样。而反过来说,倘使我们输向西班牙和其他地方的货物多于我们所消费了的它们的货物,那么我们也要拿走它们的现金,并且同样地在商业汇兑上,要将我们自己的币值提高。

那种的货币的多少会使汇价或高或低。

可是仍旧还有人似乎想要用例证来说明,在汇兑上将我们的币值贬低一定要将货币驱之于国门之外;因为据他们说,他们每天都看到大量我们英国的货币输向国外,在低地国里边流行通用,并且将它们输向那里去是大为有利的——就是低地国的人们免得在汇兑上受损失。因为倘使一百个英镑在本国交付出去,其价值甚至压缩到以九十英镑的现金输送出去,就足以完全满意地在阿姆斯特丹清偿了所说的那一百英镑。那么,这岂不是(他们说)因为我们的币值被压低,而使它被驱之于国门之外了么?

对于这种反对的理由,我一定要做出充分的和明白的答复,同时还指出使我们的现金输出的原因,并不是我们的货币在汇兑上所受到的杀价,而是我们的贸易的逆差。因为假定在我们同低地国的全部贸易里边,凡是每年输入我国的价值五十万镑的货物,都是由荷兰人一手包办的,并且凡是每年输往所说的低地国的价值四十万镑的我国商品,都是由英国人一手包办的,那么很明显,荷兰人能够与英国人以等物换等物或两种本位货币的等价作交换的,只不过是四十万镑。所以,此外构成差额的十万镑，就不得不由荷兰人以现金带走了。并且国外汇兑倘使是受到禁止的话，恐怕我们的现金损失也是一定会有的；因为这样荷兰人就只好以他们的货物换走我们的现金，我们也只好拿他们所用的外国硬币去换取他们的商品了，我们仍然将有十万镑的损失。

现在让我们再加上一个例证，也是根据上面所述的，在我们和低地国之间的贸易的比例而来的。荷兰人（正像上面所叙述的一样）可以与英国人按照两国货币的平价进行刚好是四十万镑的交换，因为英国人无法更多地满足他们的需要了。但是现在倘使从现金充裕的角度来看，在这种情况下，荷兰人在这里有了很多的现金要汇往本国，我们的货币（按照我们所说的话来看）的价值，就要压低 10%；所以，显然荷兰人必须在英国交付四十四万英镑，才能在低地国取得四十万英镑的汇款。可见荷兰人只能将剩下来的六万镑从我国拿走，平衡他们与我们之间的账目。由此我们可以看清楚，在汇兑上压低我们的币值，并不会像有些人所想的那样，会将我们的现金驱出本国，而是还可以作为一种手段，使输出的现金数量，比在等物交换时输出的更要减少一些。

在汇兑上压低我们的币值是于外人有损而于我们有利的。

更有进者，让我们假定英国商人所输出的货物的价值，是像荷兰商人所输入英国的一样大，因此他们之间就有了相等的外汇来源，使双方都能通过汇兑收到货款，而无须拿走任何一国的现金，以致使任何一国受到损失。然而，或者还有荷兰的商人，为了他个人的需要或利益，并不采取汇兑的途径，却冒险将一部分的货款用现金送走。

对于这个问题的解答就是如此：根据这样的情形来说，一切就须按照需要进行了，荷兰人在与英国人的交易上，一定要得到恰是这样多的资金，因此英国人也就不得不从海外获得同样多的现金，正像荷兰人要从英国拿走的一样多。所以我们可以看清楚，凡是从我们这里拿走的现金，只要是在贸易平衡的范围以内的，一定是不会多的，因为那是一定要再回到我们这里来的。并且我们失去了的现金，只不过是由我们的全部贸易的逆差所酿成的，换言之，就是由于我们消耗的外来货物的价值是大于我们所输出的我们自己的商品的价值。而与此相反的做法，就正是我们赖以获得我们的现金的唯一手段。所以吉拉德·马林[①]在这样长长的年月里，在这样多的印行的书本里，要使全世界都相信在汇兑上压低我们的币值，是丧失我们的财富的原因，乃是枉费气力的。这是完全将原因认错了的结果，把次要原因当作了主因，其实由次要原因而来的结果，乃是靠着另外一种主因所造成的。而且即使所说的次要原因是一点也没有，这种结果仍是会发生的。他还同样徒劳无功地提倡一种补救的办法，拟由政府机关将汇价确定在平价

1. 英国的症结，2. 自由贸易，3. 贸易法则，4. 贸易的中心。

① 本书称他为Gerard Malines，也有称之为Gerard de Malynes或其他名称者。本书作者在后面(如在第十四章)又称之为 Gerard Malynes。——译者

上面——这是一个在世界任何地方都是史无前例的新创机关，不但是毫无成果，而且还是有损无益的，正像我们已经在这一章里边所充分地证明一样，所以我就进行下一章罢。

第十三章　专营外汇的商人不能增加或减少我们的财富

有一些商人，只是在汇兑的利益上打算，既不将货物输出国外，也不将货物输入本国，以致有一些人认为，这种专干汇兑的商人所带入本国或从本国所拿出去的现金，是不能算在贸易差额之内的。因为(他们说)有些时候，当我们的英币的价值被压低，而且凡是往阿姆斯特丹汇款的，都须按英、荷两国的本位货币的平价，打10%的折扣计算的时候，那个专干汇兑的商人，就可以在这里收一千镑，并且只需以九百镑的现金输往阿姆斯特丹，就满可以付清他所开的汇票了。而在一笔更大的或更小的款项上面，也就可以在三个月的时间之内，获得同样的利益。

但是这里我们必须知道，虽然这个专干汇兑的人，并不买卖商品，可是他按前述的方法所带走的货币，一定是由商人们输入本国的货物的需要而决定的。所以这也是包括在我们的对外贸易差额的范围之内的，并且也会产生同样的结果，正像贸易商人自己带走货币一样——这是贸易商人所必须做的事情，倘使我们的货物是入多于出的话，正像我们的币值被压低的时候，我们的货物，按着我们在第十二章里边所详述的理由，总是入多于出的一样。

而相反的，当这位专干汇兑的人（因为所说的利益）要将现金输入本国的时候，他也只不过是和贸易商人在我国商品的价值超过外国商品时所不得不做的一样。但是在这种情形之下，有些商人宁愿受点损失，按着在汇兑上所压低的币值汇款，而不愿做在法律上是冒险的事情[①]；至于这些专干汇兑的商人，就将为了获取利益起见，来替贸易商人们做这件事。

第十四章　银行家与汇兑商人们所能贡献出来的赫赫功绩

虽然我关于商业汇兑已经写了一些，并且其中也论到压低我们的币值，专干汇兑的商人，以及以上各项的种种真正起因和结果；但是我们再作稍进一步的探讨，

① 参看第十章。——译者

也不算是做得过分，并且由此不但可以使我们在上面所作出的论证更加有力，同时还能够揭穿那些花言巧语的谬论。这些谬论满可以使粗读名之为“商务法规”[①]和“自由贸易的维护”二书的第409页和第16页的人们受到欺骗；因为在那些地方，作者吉拉德·马林就认为银行家和汇兑商们，凭着汇票的使用和功率，能够做出赫赫功绩（他说的是赫赫功绩）。至于怎样做出这些奇迹来呢，他竟一字不提，使读者迷离失措，莫知所之。但我并不以为他这样做是因为缺乏知识的缘故，因为从他所写的和搜集的有关商人的事务中，我觉得他对于这许多问题是很熟悉的，特别是在他畅论汇票的使用、形式和条文时，他曾煞费心力做了对别人有益的事，所以他的这种著作是应该享到盛誉的。但是在他用诡辩来掩蔽他的知识，以图达到损公利己的目的地方，我们就应予以揭发和阻止。我觉得这是我义不容辞的任务（在这一关于财富的探讨里边），所以我要将马林的完全归结于汇兑之功的那些奇迹的真正起因和手段都指出来，以便完成我的任务。但是按照次序来说，我想我们应该先按照原书将那些功绩开列下来才是。

汇兑业所能贡献出来的赫赫功绩[②]

1. 可以将货币放到世界上任何通汇兑的地方去生利。

---

① 原著名为“古代商务法规”，本书作者简称为“商务法规”。——译者

② 以下各条功绩，颇有意义不十分清楚的地方，请参看作者在下文逐条辩驳的言论，就可得到较清楚的了解。——译者

2. 可以借以谋利和致富，而决不与任何国王的商品发生关系。

3. 可以买任何国王的商品，而决不用带一个便士或一个便士的价值到他国内去，只用其本国的货币就行了。

4. 可以使人无须在海上冒险或勤劳工作而致富和生活。

5. 可以做出有信誉的伟大功绩，而没有什么代价。

6. 可以经过估计而理解，到底是将货币用在汇兑上利益较大还是用在购买商品上利益较大。

7. 可以确实知道贸易商人在卖出和买进货物上所获得的利益。

8. 可以依靠每个国王的那班一直是通过汇兑而获得货币的属民而生活和发展，不管他们有无收益。

9. 可以使每个国王的现金流出本国，倘使他的属民输入的货物多于输出的货物。

10. 可以把货币市场移到那些富有的国王将收买它而且付以代价的地方去。

11. 可以对于只是靠着带息的借款来维持战争或购买商品的国王，断绝货币供应，倘使他的敌人要设法这样做的话。

12. 可以对贸易商人予以货币的接济，使他们能够在任何合同上拖延售货时间，直到使买方毕竟同意接受他们所索的价格为止。

13. 可以拿货币去垄断某种商品，不管是新进的或早已存储了的，将那种商品的整个贸易都掌握在自己的手里，使二者出卖与否都要听他们决定。

14. 可以掩蔽取走任何国王的货币的事实。

15. 可以用他自己的或某一国王的劣币来换走其他国王的上好钱币。

16. 可以拿国王的劣币去换得上好钱币，并且在付款时可以用他自己的劣币，这样也可以获利。

17. 可以靠着信用，将一切商人要交付出去的货币，一时都掌握在自己的手里，然后再以自己在该地的货币付出，这样也可以获利[①]。

18. 可以使本国，从其他一切主要是靠自己的商品自给的国家得到利益，使它们的剩余物资输往世界各地，并且使双方每年的贸易都增加，而它们原有的现金存量，也将通过汇兑得到增加。

19. 可以使不顾公共利益的国家和国王败落，倘使商人的财富是多到与那些豪门共谋而控制了汇兑的话；他们在付款的时候，可以在一个地方交付本地国王的货币，而在另一个地方收到实值超过本地国王的造币厂所铸的本位货币的货币；而在收款的时候，他们对于这一笔款将要在另一个地方交付出去，恐怕交付出去的货

① 恐怕是这种情形：如汇兑商行或银行在伦敦收到大批的款托其汇往阿姆斯特丹，伦敦银行将这笔款掌握在自己手里，但在阿姆斯特丹付出该行自己在那里存着的款。——译者

币，一定是实值低于所收到的国王的造币厂所铸的本位货币的。

20. 可以拿到现金去买低价出卖的商品。

21. 可以握着现款，将出卖的便宜货从别人手中拿过来；再常常以出价比别人较高的方法来提高货价。

22. 可以将由汇兑获利而来的货币的一部，有时是全部，用来换取货物，而让别人为了取得他们自己的利益而辛勤工作。

23. 可以使国王们，在关税、津贴或赋税上，都用他们的货币，因为汇兑商人并不要用它[①]。

24. 可以算出贸易商人们带到任何一个国家去的货物的正确价值，即将货物的价值依据购进的成本，按着当时的汇率，在货物所输往的国家那里应值多少都核算出来。

倘使我想将这些奇迹在解释上加以扩大的话，这里就有足够的材料，供我写出一大本书来；但是我愿意尽可能简括地来谈，只要没有模糊不清的地方就行了。而在我开始谈之前，每一想起一位杰出的律师，在“商务法规”一书中所写的商人的职业的一小部分，就比他所知道的学问渊博的著作家所写的一切法律判例看起来

① 大概是指汇兑商人并不保存大量货币，因为货币只在他们手里经过一下，他们只不过是金钱的过手财神罢了。——译者

要高明得多，竟会在他的本是可嘉的研究中，糊涂到这个地步，使我不能自主地觉得太可笑了。因为这种外汇事业并不是一种魔术。我的确以为这种赫赫功绩绝不是浮士德博士和班克斯的马[①]所能做得出来的，虽然总是有一个魔鬼来帮助他们。但是我们做商人的，并不要与这些魔鬼打什么交道，我们并不以被人看作创造奇迹的人为乐；所以我在这里要竭力指明我们的工作（在这些假定的功绩方面）的平凡朴素的性质正与贸易的光明磊落的道路是一致的。

那么，先说第一条罢。可以将货币放到世界上任何通汇兑的地方去生利[②]。这是怎样一回事（有些人将要说），为期一个月的向阿姆斯特丹的汇款不是就要使我们在汇兑上受到8％或10％左右的损失吗？答复是：我在这里要考虑的，第一就是这种损失的主要原因，在于我们从阿姆斯特丹购买来的货物多于我们输往那里的货物，致使这里要由汇兑付款出去的人比收款进来的人多，因此我们的币值就被压低而有利于收款者了。这样一来，付款出去的人，为了免得在压低币值上受到损失，

由于汇兑而来的损失的主要成因。

① 英国伊丽莎白王朝末年，有一个叫班克斯(Banks)的人。他有一匹马，会耍各种各样的把戏。例如，据说这匹马能爬到圣保罗塔的顶上去。后来，在1601年，班克斯在巴黎被捕入狱。因为市政当局和教堂认为，他的马耍的把戏，是他驱使魔鬼变的魔术。——编者

② 作者对于文字不甚留意，这一条的原文，前后二处，就有六个字是不同的，还有二处的大小写字母也不同。——译者

一定就要想起那些国家，即我们带往那里去的货物的价值大于从那里带回来的货物的国家，如西班牙、意大利和其他国家就是。在他向这些地方交款的时候，他知道(由于上面所述的理由)一定是对他有利的。但是你们将说，现在这笔钱离阿姆斯特丹较前更远了，怎么能够让它碰头呢？是的，好得很，而且再进一步就将证明还有最近的一条回来的途径，倘使它在最后的时候是带回很多利润的。第一笔利润是(像我们所假定的)在西班牙得到的，从此我就考虑还可以在那里去找第二笔；而我发觉佛罗伦萨人输往西班牙的金色和银色的纺织品，纺丝和丝毛交织品的价值大于他们输入的羊毛，西印度的兽皮，糖和洋红的价值，所以我知道我不能错过谋利的机会，于是便向佛罗伦萨输款；我还要从那里(依据同样的理由)转向威尼斯，并且在那里又可发觉此后还要在法兰克福或安特卫普得到利益，直到最后我要根据这种由于不同的时间和空间所赐的获利机会，而从一条较短或较长的途径回到阿姆斯特丹。由此我们仍旧可以看出，由于汇兑而来的利益或损失，是由贸易差额的顺逆所导致和决定的；贸易差额是决定性的和积极的因素，可以使汇兑率上升或下落。可见外汇价格是被动的，而前述的马林所一再重复的说法，正是与此相反的[①]。

对于第二、第四、第十四和第二十三条来说，我以为

① 用现在的话来说，这一段讲的是怎样以套汇获利。——译者

都是专干汇兑的人的专业工作，并且他所做的都是不能替社会带来好处或害处的，这是我在前一章里已经充分说明了的，在这里便省掉，不再说了。

再回到第三条来说，的确我可以在这里交付一千英镑，而通过汇兑在西班牙收到这笔汇款以后，我就能够用这笔西班牙货币购买许多西班牙货物带走。但是以上一切所能证明的，只不过是这一点罢了：归根结底，必须以英国的货币或商品来支付所说的这批商品。因为倘使我在这里把一千镑付给一个英国人，他就必须在西班牙付这笔款给我；这笔款或者是由已经输往那里的货物得来的，或者是由即将输往那里的货物得来，或者是，倘使我把款付给一个西班牙人，他从我这里拿走这一笔款，大概是想用它来购买我们的货物[①]。所以不管怎样，我们必须对外人付以我们从他那里所得到的东西的代价。在所有这一切里边，哪里有什么值得我们羡慕的奇迹呢？

对于第五、第十三、第二十和第二十一条来说，我必须把这些奇迹一块做解答，因为我觉得它们只不过是一件事情具有多种形式而已，并且都是空谈，试问哪一个笨蛋不明白这些，况且他们也都能说：凡是有信用的人，就能够订立合同，买进，卖出，并且可以出资经营汇兑，

① 并且将在西班牙以西币对我还款——虽然原文没有这句话，但意思是这样。——译者

也可以之生息；然而在这些途径上面，他们不能老是获利的人，因为有时他们要遭受损失，正像信用不如他们的人一样。

至于第六和第七条，就更糟了。因为当我知道我的货物在本国或在海外的现价时，我就可以毫无困难地做出这样的一种猜度：是从外汇来的利益大，还是直接从我的商品来的利益大。况且每一个商人，既然都很知道他在卖出和买进商品上，会得到什么利益，所以任何其他的人，也可以这样地获悉所说的这个商人是怎样进行的。试问所有这一切，到底有什么值得我们去羡慕汇兑业呢？

关于第八和第十二条。因为银行家和汇兑商们是以货币供人解决他们的需要的，所以他们是和根据同样的希望和利益而计息放款的人的活动性质相同的；他们在许多时候也会遭到失败，就像借款的人们常常是只为放款者的利益而枉费力气一样。

对于第九和第十八条来说，我以为作者在这里有些不便直接告人的用意，或者因为作者自知其错的缘故，所以就在叙述这两个奇迹的正文的旁边加上一个☞的记号。到底为什么把使国家致富或贫困的这一重大工作，归之于汇兑事业呢？正像我所一再说明的，并且也像马林自己在这两个地方所说的话可以向一个头脑清楚的读者所暗示的一样，这一重大工作只能由那些可以使我们的贸易差额有顺逆之别的因素来完成。

对于第十五和第十六条来说，我认为我们可以利用汇兑，将劣币换成金子或银子，正像一个外来的人，在他可以铸造或带来大量的铜圆的时候一样，他可以在一个短短的时间之内都用掉或变换成好的钱币，并且可以在这里交款，通过汇兑，再在他本国收款；他也可以用现金的形式将上述的好的钱币带走，而无须利用汇兑的方法了，只要他敢于冒法律惩罚的危险。西班牙人都很知道，谁是基督教国家里边人人熟知的铸币者[①]，他们敢于冒险带来大量的像西班牙币的形式一样的铜币，并且按照西班牙上好钱币[②]计算的价值带走西班牙银币；可是不管他们的一切方法是多么巧妙，慢慢地他们有时也会被捉住的。

至于第十七条，我以为银行家常常是乐于接受这种钱的，即那些没有本领或者好方法在汇兑上用钱财谋利的各色各样的人送到他们手里的钱。这也是事实，银行家们一定要用他们自己的钱来付还的，可是他们将所获的可观的利益，自己都保留起来了。不过这也是他们应得的一点普通的报酬或贴补，就像那些替商人们买进或卖出的代理人一样，也要有他们的佣金。所以，同样地，这岂不是又公正又极为平常的么？

“商务法规”第401页，“自由贸易的维护”，第17页。

对于第十一条来说，我必须承认，竟然以为一个穷

① 指铸造劣币的人。——译者

② 即 Ryals of Eight，见本书第26页注。——译者

困的国王还想要靠带息的贷款来保持战争或货物(因为该书作者在两本书中,一处写成战争,一处写成货物,所以我就把二者都写上了)[①],倒的确是个奇迹;因为这样穷困的一个国王的敌人,究竟还有什么必要找银行家同谋,使这个穷困的国王在需要金钱时遭到失望或失败呢,倘使利息本身的负担,就将使他完蛋得够快了的话,所以我就不谈这一点了。

关于第十九条。我曾在意大利住得很久,那里的基督教国家的最大银行和银行家们都经营贸易,可是我就从未看到或听到,他们曾经或者能够联合起来统制汇价;而仍然是货币供应的充裕或欠缺,常常统制了他们,并使汇率提高或下降。

汇兑决不会妨碍国王们的关税。

关于第二十二条。商人们彼此之间在贸易过程中使用的汇票,决不会妨碍国王的关税和征课。因为一个人付出货币是由于他不愿意,或者没有机会将它投在商品上面去,而另一个人拿这笔钱去用,是因为他愿意将它投在商品上面,或者已经在商品上投下这样大的一笔钱了。而事实是,当一个王国的财富大部分都是现金,并且这个国家还有适用的手段和便利,可以用这种现金,由海路、由陆路,或海陆两路,向世界各地经营贸易的时候,倘使这种贸易竟被忽视了,那么那个国王的这

① 按战争与货物的原文差不多,作者在他的两书之内一处用战争(Wars),一处用货物(Wares),恐系笔误。——译者

种利益，一定就要受到损失。并且倘使原因在于交换，那么就必须搞清楚究竟是怎样一回事，因为我们自己之间可以交换，也可以与外人交换。倘使是我们自己之间的交换，国家是不能由此增加财富的，因为一个人的所得就是另一个人的所失。倘使我们是与外人交换的，那么我们的利益就是国家的利益。可是国王在他的关税上并不能由这两种方法中的任何一种获得任何利益[①]。所以让我们找出使用这种交换方法的地方何在，并且记下这样的做法之所以受到准许的理由；不过我们在一切基督教国家里边只找到了一个著名的地方，即我将尽可能简括地对它作一些叙述的热那亚。

热那亚的现况。

热那亚地方小，并且土地不是很肥沃的，它没有多少自然财富或原料供人民利用，况且食料也是不够吃的。但是尽管这样，他们靠着先前的努力，与埃及、叙利亚、君士坦丁堡和一切地中海沿岸东部的国家建立了外贸关系，从而获得香料、药品、生丝和其他许多贵重商品，以之输往欧洲大多数的地方，于是成为巨富，使他们的城市的力量，他们的建筑的辉煌和其他非常美丽的东西，都有了生气。但是在那有名的威尼斯城建立和发展以后，以上所说的贸易就转向那方面去了。并且此后，同样地，极大部分的商品直接从东印度群岛由海路输向

① 恐怕是有这样的含义：即使是与外国交换，倘使没有出超，也不能得到现金。——译者

英国，西班牙和这些低地国了。这种贸易路线的改变，使热那亚的商人们只好从商品贸易的途径转变到货币兑换的途径了。他们为了追求利润，不但在许多从事商品贸易的国家里发展此项营业，而更突出的是他们以这种营业，为在法兰德斯和其他地方的西班牙人的战争需要服务。一班私商由此获得了厚利，但是公共财富却没有因之而增加。热那亚这个国家遭受到这种不利，就是由于下面所说的几个理由。

第一，并且是主要的，就是热那亚的商人们所被迫放弃的贸易，乃是他们维持不住而不得不由那些在地点、货物、航运、军火等等方面都占了优势的国家，在比热那亚商人做起来有利的条件下去经营的。

第二，就是他们所走的步骤，正像一个贤明的政府一样，仍旧竭尽全力维持他们能够保留下来的贸易，虽然他们所能争取到的，还不到他们过去的贸易的二十分之一。因为他们能够供自己的人民从事工作的原料微不足道，或简直没有，而他们用西班牙的羊毛和西西里亚的生丝来解决原料供应，将它们制成天鹅绒、锦缎、光缎、呢绒和其他工业品。

第三，既然他们在自己的国家里边，没有办法使用他们的巨额财富和以之进行贸易而谋利，所以他们乐意将它拿到西班牙和其他地方去用，或者用在商品上面，或者是替那些用汇款来买卖货物的商人们办理汇兑，这都是可以从中获利的。而这样他们无论在国外什么地方居住了一个时候，甚至为利所驱足迹遍及天下，可是，归根结底，这种利益的中心，还是在他们自己的祖国里边。

最后就是因为热那亚的政府是属于贵族的，所以他们有了这样的一种保证：虽然公众所得的利益微乎其微，可是如果私商们从外国人那里获得的利益是很多的话，那么他们做得就很好了。因为一个自由的国家的最宝贵和最可靠的财富就是贵族（热那亚的贵族就是商人们）的财富，这与专制的国家的情形不同。专制国家在国王的收入与私人的财产之间就有我的和你的之分；但是在一个共和国或民主的国家里边，当自由和政府面临危机或者就将受人奴役的时候，本属私人所有的东西，也就都成为公共的财富，准备在保护自己的主权的斗争中与生命一同贡献出去。

关于第二十四条。倘使一个商人在这里买了货物，而拟输往威尼斯，并且要通过从威尼斯到伦敦的汇兑获得这批货物的价款，那么这个商人就可以发觉，他是很难先行做出准确的估计的。因为在他的货物未到威尼斯以前，他的货物的价格与汇兑率是会有很大改变的。但是倘使作者的意思是指货物到了威尼斯，并且在那里出售，再将货款从那里汇回本国以后的估计说的；或者是按照在本国购进上述这批货物时的款项，按照当时对威尼斯的外汇率所核计出的价值说的；试问以上的种种估计方法，岂非都是不值得列为赫赫功绩的极平凡和极容易的事情么？

关于第十条。虽然一个富有的国王总是有很大势力的，可是每个富有的国王，并没有这样大的势力，可以将货币市场任意移动。因为任何东西的市场，并不是在我们要它在的地方，而是在最为盛产它的地方形成的。因此在提到西班牙人在西印度群岛的大量财富时，我们一般总是说，他们掌握了货币的泉源或中心，可以依着他们的需要——或者是为了和平或者是为了战争——将它迁移到或使之流入意大利、日耳曼、低地国或其他的地方去。但是，这并不是由于什么汇兑的奇特力量所造成的，而是由于使用货币的地方所适用的各种惯行习俗所造成的。因为，倘使货币要在法兰西国内用来维持战争的话，那么它可以毫无危险地以现金的形态由陆路用车送去。倘使是要在意大利用，那么就可以由海路用船送去。倘使是要在低地国用，那么也可以由海路运送，然而危险就比较大了；因为要顾虑到在路上遇到强敌。可见在这种情形之下，虽然汇兑事业并不是绝对必需的，但它仍是很有用处的。并且因为西班牙人对于日耳曼和低地国的商品需要量大于他们输出到那些地方的西班牙商品，所以西班牙的国王，就不能通过汇兑，从他自己的属民那里获得所需的货币，而他的大部分现金现在是并且长久以来便是要用船运往意大利，再由意大利人，其中特别是热那亚商人，拿到这笔款并且按其所值在法兰西德斯付款。至于意大利商人之所以能够如此，

意大利人怎样能在法兰德斯以货币供应西班牙。

是因为他们能继续不断地把许多贵重的商品，从意大利输往靠近法兰德斯一带的国家和地方进行巨额贸易的缘故。意大利人并不从那里输回多少商品，而是以他们的货币为西班牙效劳，并且通过汇兑在意大利收回全部代价；其中有一部分，就像上面所说的一样，是要取诸西班牙的现金，用船舶运到这里来的。

所以我们由此可以看清，汇兑的力量，并不能使货币听凭富有的国王的意志，要它在哪里就在哪里；但是由对外贸易的商品而来的货币倒是促成汇兑，并且汇价高低也是依货币多少来决定的。关于这些，在这一探讨之中，每一遇到机会，我想我已说了又说，就像马林在他的书里将汇兑视作贸易的一个主要部分一样——他说它是积极的占优势的，统治着商品和货币的价格、生命和精神，并且是赫赫功绩的创造者。这一切的功绩，我们现在都已简要地讨论过了；可不要有人羡慕他为什么不曾下这番苦功，因为他在这样做了之后不但要放弃他在汇兑问题上所极力坚持的一番大道理，并且由于真正发现了它的正确作用而还应完全放弃他的以等物换等物的意见。这种意见（倘使已普遍盛行了的话），对于荷兰人是很有利的，而对于我国却是大为有害的，正像我们在第十二章里已经予以充分证明的那样。

所以现在让这位学问渊博的律师，再心安理得地看看他的书罢，因为商人是不能使他甘拜下风的，倘使商人在汇兑上的技巧是不如他的话。试问这些还能算是赫赫功绩吗，既然这些在贸易的过程中可以很容易地知道和做到？那么，倘使通过这一发现，我们已使这位律师心平气和了，并且已经杀尽他崇敬那些奇迹的锋芒，那么现在让他尽他的本分，提出一纸供状，将等物换等物的意见也予以否定吧。因为这种说法已使许多人走入迷途，并且使我们只好不厌其烦地来揭破这些谜。

不，且等一下罢，难道所有这些能为大家公认吗？难道（据这位作者所说）曾经由那个负有盛誉的会议和伊丽莎白时代的那些卓越的商人们所如此谨守，并为法王路易九世、腓力四世和腓力六世、判为以没收银行家的财物的处分相对待的这一事业，就能这样轻轻放过吗？我必须承认，这一切是需要一种解答的；其实这位作者本人，就已作了一部分解答。因为他说，我们的政府的智慧，已使它发现了这其中的弊端，只是没有去医治它罢了。并且，也没有人能说出什么是对症良药，因为根本没有用任何药剂去治过。可是在汇兑上所实施和使用的一切手续，无论是方法上的或形式上的，都一直沿用到了今日，仍像它们在这些功绩被发现时一样，因为政府很了解，在没有弊端的地方，是不需要什么治剂的。

不错，那么我们对于法王严惩银行家并且没收他们的财物的处理方法，又怎样能够自圆其说呢？是的，好极了，那是因为银行家们或者在他们的汇兑业务上做了犯法的事情，可是他们的职业仍然可以是合法的，就像在意大利和法兰西本国直到目前为止一样。而且我们还不妨假定在银行家们受罚以后，银行也不准存在了；可是这一切并不能证明对于汇兑商行有什么不利的地方，况且国王和国家所颁布的法令很多，而且也会突然取消它们，他们惯于颁布法令和取消法令。或许国王们有错误，否则就是马林大错特错了；因为他认为我国在三百五十年的期间内，为了要挽救贸易的衰落而颁布出来的三十五项法令和其他许多律例都是有缺点的。他认为只有他的汇兑改革计划，或等物换等物的计划是有效果的，倘使我们能相信他的话；但是对此我们已经甚为了解，所以我们就不再去讨论了。

“自由贸易的维护”第76、77、78和79页。

也许我可以乘此机会，提出一些意见，来批判近来随着那获得成功的等物换等物计划而来，并与之具有同样性质的另一个计划。据我听可靠方面说，这个计划就是要使我们的国境以内的一切金银片、金银块和英国或外国的货币的兑换或再兑换，只准通过一个称为国王的皇家兑换所的机关或其代办机关才可进行，而每兑换一诺勃尔[①]的价值便须向之纳费一便士。这是可以使他们的私人利益大为增多的，而公共的损失就太大了。因为这种做法，会破坏国王的铸币事业，剥夺国家大量财富，使本国人民应享的自由受到剥夺，并且将金匠们的可敬的行业根本就推翻了。所有这一切，就是理解力最差的人，也是了如指掌，极易明白的，所以我就不在这些

① 原文 Noble，系古英国金币。——译者

细节上详加论述了。

第十五章　论在我国存在的一些浪费现象和弊病，虽然它们不会损害我们的贸易和财富

我并不想冲淡或洗刷在我国存在的任何一点的浪费或弊病，而是要竭力称许和赞成那些曾为别人在口头上和文字上加以谴责的毛病。可是我在这篇关于财富的探讨中，正像我已肯定写下的一样，是要讨论那些可以增加或减少一国财富的真正原因；所以我当然应该继续提出意见，反驳那种说法，以为那种蛮干和行为，就不能产生如某些人所猜想的那些结果。因为在纠正这种重大事情的时候，倘使我们将疾病的性质搞错了，那么我们在使用治剂时，倘使不是打乱了救治的方法的话，至少也要耽误救治的时间。

让我们先讨论利息[①]问题吧。倘使放债可以变成慈善事业，并且富有的人将不收利息而借钱给贫穷的人的话，那么这是全能的上帝所欢喜的一种行为，并且也

① 原文 Usury，现一般译为高利贷，但在当时（十七世纪前叶），利息不论高低，都可称之为 Usury，故在这里译为利息。——译者

是有利于社会国家的。我们怎样说，因为生息款项增加，所以贸易减少，这句话是确当的呢？因为，虽然的确有些人不再经营贸易了，而要用这笔款来买地皮，或者过富裕的生活，或者是留待年老时用，或者是等到有其他类似的原因时用；但是随着这一切而来的，绝不会是贸易数量的必然减缩。因为有了钱的人们的这种做法，就会立即替年纪较轻和财力较弱的商人们带来机会，使他们能够发迹，能够扩展他们的营业。倘使他们自己缺乏资金来这样做的话，那么他们就可以，并且必须，付出利息去借用资金。可见我们的钱，并不是死放着的，而仍是用在交易上的。试看多少商人和店家，不都是以他们自己的微乎其微的资金开始营业，或者简直就是白手起家，只是靠着别人的钱来做生意，结果却成为巨富了吗？难道我们不知道，当贸易进行得又快又好的时候，许多人就会靠着他们的经验，并且靠着他们的信用出利息借款，将他们的买卖做得大大超过自己的资本的价值么？由于这些勤劳苦干的人们的努力，我们的国家社会的事业就将增进，我们的寡妇、孤儿、律师、绅士和其他的人的钱也就会用到对外贸易的途径上去，而这些人本身是没有本领来搞这种工作的。我们在现在这个时候，虽然发觉了我们由于近来的乱花滥用和受到的损失，而堕入穷困的境况，但是许多人仍有很多钱存放在箱柜里。并且，他们还不知道怎样去处置它们；因为商人考虑到他们在西班牙和法兰西方面的贸易正处于停顿状态之中，连他们自己的资金，也无法来用，更不需要别人的资金了，所以他们就不愿再付息借款了（虽然利率是低的）。可见因为这些理由或其他可以提出的理由，我们就可以得出一种结论，恰恰与那些人所说的贸易将随着生息款项的增多而减少的意见相反，因为这二者是一同升降的。

其次，我们听到我们的律师常常受到责备；因为我们的诉讼手续的复杂所带来的麻烦和负担的确是超过一切其他基督教国家的。但是这到底是由于律师的贪婪呢，还是由于一般的人都不讲道理呢？这还是无法肯定的一个大问题。这就听它去吧，我不再深究，以免逾越我们现在所要探讨的关于我们的贸易的衰落和我国日趋贫困的范围。我的确知道，法律上的许多诉讼案件，使得许多人倾家荡产一文不名；但是我不能理解它怎么能使我们的贸易有分文的减少。因为在这样多的商人之中，虽然会有一些人为种种议论所动摇，甚至不干这一行了，但总是会有一些人做商人的。况且我们知道，一个人的穷途末路会替另一个人带来机会。我从来没有听说过，我们的贸易和财产会因为缺乏经营和使用它们的商人或资金而衰败下去。而会使它们衰败的，乃是由于战争而来的毁灭性的结果，或者是由于和平时候的某些变迁，就像我在本书第三章已经较完全地说过的那些原因所造成的国内消费外货过多，或者是由于我们输出海外的商品日益减缩的缘故。但是，至于这些律师们，我可以说，他们的高贵的行业，乃是大家所必需的，而他们的讼案,诡辩,拖延和收费等,对于许多人是贻害匪浅的。这些事情的确使某些个人的财产受到损失,而不像某些人所认为的那样,使公共财富受到了损失。因为在这个人之所失就是另一个人之所得的原则之下,一切仍旧还留存在本国之内,我还希望它确实留存在它所应在的地方才好。

最后,各种大方慷慨和大摆场面的事情也是不可废除掉的,因为倘使我们要如此节俭,甚至只要用区区几种外货或竟一点也不用之后,试问我们怎能将我们的商品输出呢?我们的船舶、海员、军火,我们的可怜的工匠和许多其他的人,将会怎样呢?难道我们指望别的国家拿货币来送给我们,买走我们一切的商品,而无须我们出钱去买或去交换一些它们的商品么?这是妄想;较为安全和可靠的就是采取既不过奢也不过俭的折中办法,那样才能换来大量财富。

再者,贵族、绅士和其他大有作为的人,在房屋、衣着和其他方面大摆场面,是不会使国家贫困的。倘使这种弄得很新奇和费用奇昂的工作,是由我们自己的人民,用我们自己的原料来完成的,它便会使富人的钱财用来维持贫人的生活,那就成为公共财富的最好的分配方法了。但是,倘使有人说,当我国有人需要工作的时候,当然渔业是较好的工作,并且利益也比较多;对于这一意见,我是欣然赞同的。因为在这项巨大的事业里边,有充分的资源,足以供富有的人和贫穷的人都从事于这种工作。对于这一点，过去曾经写过和谈过很多；现在为了国王和他的国家的光荣和富庶，我们只待在这方面还可以有所收获才好。

第十六章　如何公正地筹得国王的收入和进款

我们既然已经指出可以使一个国家的财富增加的真正途径，接着我们就将设法指出一个国王可以公正地分得一部分财富，而不损害或伤及他的属民的种种方法和手段。国王的收入既然在数量上是因其国家的大小，财富和贸易等因素而异，所以在获得收入方面，同样地也因其国家的宪法，政府，法律和民俗的不同而大有差别；这些都是国王所不能更改的，除非他不怕困难，而且胆敢冒险。有些国王是拥有皇家土地、教会财产的首要收入、关税、通行税以及一切输出和输入贸易的征课等，此外就是在一切必要的场合下而有的各种债款、捐款和补助金。还有一些国王和国家，没有最后这三项，但是要在其他各项之外再加上以下各种税：1. 一切新的货物由某一个城市运出供本国领土以内的其他任何城市或地方用的，一律要纳通行税。2. 凡是牲畜、土地、房屋和妇女的嫁资或陪嫁的财物等的割让或出卖，一律要纳税，此外尚有饮食店和客栈的执照费，人头税等。3. 一切在本国领土以内出产和消费的谷物、酒、油、盐等，一律要纳税。所有这一切，似乎就像一系列的压迫，只是替勒索它们的那些国王的发财致富服务，而使负担它们的人民，特别是在这种担负高到按百分之四、五、六甚至七的沉重税率来征课的国家里的人民，是日益贫困和艰苦了。但是，在对于各个地方的一切情形和特点予以应有的考虑以后，我们就将发觉这些措施，用在有些国家里边，不但是必需的和合法的，而且在不同的角度上看，还是极其有利于社会国家的。

首先，有一些国家，如威尼斯、佛罗伦萨、热那亚、低地国的联合省和其他的地方，都是以环境美丽著称于世，并且具有卓越的自然的和人为的力量，同时还有富裕的臣民。可是因为幅员不大，而且由经常收入获得的财富，也不足以使它们有充分的财力，来抗拒它们四周那些强大的国王的突然而来的和势力浩大的侵略。所以它们不但要结成联邦或联盟（这些组织常常在它们最感需要的时候解体），并且还要遵循上述的那些特殊措施来积存现金和军火，那是不会使它们误事的，而且常常会使它们可以作好国防和迎敌或避敌的准备的。

这些沉重的献纳，并不像一般所想的那样有害于人民的幸福；因为一般贫民的食物与衣着，既然受国产税的影响而增高了价格，那么他们的劳动价格，一定也要按比例增高的。因此这种负担（倘使是负担的话），仍是落在富人身上；这些人或者是赋闲的，或者至少是不从事于这类工作，却是贫民的劳动的使用者和大量劳动的消费者。同时富人，倘使万一遭到失败，他们就决不会在途穷财尽的时候，仍旧漠不关心他们的职守和事业，不会不去想想办法，所以他们一定是不得不将他们的不道德的奢侈浪费和大批的随从仆役予以削减的。在品德、财富和技艺将因此而一同提高的时候，难道所有这一切不是一个国家的幸福么？我们也不能说一个国家贫困了，倘使它的人民的损失却是国王的所得的话，因为从他每年的这种收益里，就会有对人民有利的每年的支出，只是为了公共利益而存储起来的那一部分的财富，当然不能计算在内。不过这也是先受点苦而后可以安全的办法，所以这些献纳是又公正又有利的。

但是我在这里必须坦白地说，因为最好的事情也是可以变成坏事的，所以这些赋税也是可以任意滥用而且国家社会是可以受害匪浅的，倘使它们被一个国王毫无意义地乱用或消费掉，不管是用在他自己的毫无节制的享乐方面也罢，或者是花在根本就不配接受国王陛下的赏赐或帮助的那种毫无价值的人们身上也罢。但是这种危险的胡作妄为，是不常见的，尤其是在上面所说到的那些国家里边，因为使用它们的公共财富的权力是属于多数人的，并且是以多数人的意志为转移的。就是其他的王国和政府，也不是不知道这种滥花滥用的结果，总是招致毁灭的；因为它会导致极度的贫乏与穷困，而经常不顾一切的秩序越做越过分，所以在国王之间就有一种共同的政策：就是要十分小心谨慎，决不做一点事情，使贵族为他们的安全发愁并且对于可以得到庶民同情而使之心悦诚服的任何事情一定也不放松。

有一些国家，除非是靠着沉重的赋税，否则就不能存在下去。

但是现在在结束我们着手讨论的这一点意见之前，我们同时必须记得一切物体的组成，并不是一色一样，完全相同的；因为对于一个人是良剂的东西，对另一个人却是毒药。上面说到的国家以及许多与之类似的国家，除了靠着我们所说的那些非常特殊的献纳以外，就不能存在下去；因为它们不能用其他的方法，在一个短促的时间之内，筹得足够的金钱以抵抗，像上述的那种突然来袭击它们的强敌。但是一个强有力的国王，他的领地是又大又统一的，他的臣民是又多又忠于他的，他的国家既是得天独厚又是贸易繁盛的，他的仓廪和军备是充实而有备无患的，他所处的地位是易于侵袭别人，而不易受人侵袭的，他的港口是良好的，他的海军是强大的，他的盟邦是实力雄厚的，他的经常收入是足以堂而皇之地将他的国家的赫赫威风树立起来的，此外他还可以每年拨存一笔相当多的金钱以备不时之需。试问这些有利的条件（都是按次序排好的），还不足以使一个国王能够抗拒任何强大的敌人的袭击，而非再征课那些特殊的和沉重的赋税不可吗？难道这样一个伟大公正的国王的富有的臣民，不会以自己的生命和财产来维护国王的荣誉和他们自己的自由，而随时准备对国王献出

没有正当理由可以向他们的属民征课特殊的和沉重的赋税的国王们。

财物，使他能好好地布置战局，直到他可以签订一种堪以告慰的和约的时候为止么？是的，的确如此，不可能不是这样。由此看来，一个强大的国王，靠着保持他的臣民的财产和爱戴，一定要比靠着只能触怒人而不能服人的不必要的赋税来积累财富，更能使他强大。

是的，有些人会说，他们可以很容易地找出几个基督教国家的最伟大的帝王做例子，来反驳所有这些说法。他们的收入里边，除了我们在这里所说的经常的进款以外，还要再加上全部或大部其他沉重的献纳。这一切我们都承认，并且还不止于此哩；因为这些国王常常还要将官爵和法官的职位拿来出卖，那就是一种既卑鄙下流又邪恶的行为了，这种做法会使贤者的才能无用武之地，使无辜良民的讼案败诉，因此使上帝不悦，使人民受到压迫，并且使道德在这种不幸的国家里沦丧。那么我们是不是还可以说，因为这些措施是被采用过的，所以就都是合法的和必要的呢？绝不是，我们都深知，并且我们确信，这些榨取勒索，并不是拿去对他们自己的权利作必要的防卫，而是由于骄横和贪得无厌，要兼并别的国家，并且从而将别人的权利攫为己有。这种天道所不容的行为，常常是以圣洁的美丽外衣掩盖起来的，好像这样做是为了天主教的信仰，为了教会的宣道，为了对于异教徒的抑制以及诸如此类的谬论，其实唯一的用意，就是更进一步地满足他们自己的野心。至于这个问题，那就没有必要在这里作任何更多的探讨了。

有些强大的国王，在对于他们的属民课税时所怀的恶毒鬼胎。

第十七章　强大的国王是否必须积累财富

我们宜先研究积累财富这一做法本身，到底有没有必要，然后才好得出结论，到底国王们每年可以毫无困难地积累多少现金而不致妨碍公共的利益[①]。因为在通常的讨论中，我们常常会发觉有一些非常垂涎或希望国王们的赏赐的人，认为储备钱财，对国王来说，乃是鄙陋不足道的，而且还觉得他们无须乎如此；因为伟大的国王们的荣誉和安全，主要是建筑在他们的慷慨的基础上，而不是在他们的金钱上面的。同时这些人还努力设法援引恺撒，亚历山大，以及其他鄙视贪婪，而以滥施赏赐和挥金如土获得了许多功绩和胜利的人为例，作为明证。此外他们还说到，由大卫王积蓄起来留给他的儿子所罗门的大批金钱所收到的小得可怜的成果；因为所罗门虽然有了这笔遗产和一切其他遗赠给他的丰富的礼物，并且拥有在一个太平地区里边的繁盛的贸易，但是他竟倾其所有，完全由

① 原文为 Common-wealth，在这里有双关的意义。既可作国家或社会解，又可作公共财富或公共利益解。——译者

于穷奢极乐而花费掉了，只是花费在建筑一座圣殿的那部分钱除外。这样看来（他们说），倘使由这样公正的一个君王所积累起来的这样多的财富，只能做这一点事业的话，那么我们对于别的国王在这一方面的努力，又将抱什么希望呢？沙达那帕鲁斯王将一千万镑留给杀了他的人们。大流士王将二千万镑留给了征服了他的亚历山大。尼罗皇帝，本已承袭很大的一宗遗产，又从他的最善良的人民那里榨取了很多的财富，但是对于他的卑陋无耻的阿谀者和那种不值一文的人，却要虚掷一千二百万镑，致使在他之后的加尔白皇帝，将那些赏赐撤销了。一个国王有了金钱储备以后，就会厌恶和平，蔑视他的邻友和盟邦的友谊。他不但要从事不必要的战争，而且还要从事险恶的战争，以致毁尽和（有时）倾覆了自己的一切财产。所有这些，加以这一类的其他各种软弱无力的论证（为简括起见，我就不提这些论证了），倘使是正确地加以理解的话，根本就没有反对明智和有远见的国王们对于财富的合法的集聚与积累的意思。

因为首先，谁还不知道那些由于赏赐从厚、花费从宽而获得了至高的荣誉和显贵的名人们，大概用的都是从敌人那里掠夺来，而不是从自己的箱柜里拿出来的无损于己的白得之财呢？与此相反的，还有一些国王，不知未雨绸缪积贮财富，或者是在拥有财富的时候，将它任意都挥霍掉，他们将来总有一天要忽然遭到贫困和艰

滥花滥赏一定要带来贫困，使人想入非非，设法榨取金钱放到自己的腰包里去。

苦的;因为没有什么使人败落得会像滥行布施而又缺乏布施的方法那样快了。并且所罗门王的例子就是这样,虽然他的财富多得无法计算,但是他却使他的人民背上了过分沉重的负担,甚至(由于这个原因)使其中有许多人起来背叛了他的儿子里和巴安,使他把领土的大部分都丧失掉了,因为他被一些年轻的顾问大大地引导错了。所以一个国王,凡是不去压迫他的人民,而却能维护他的财产和权利,同时不使自己堕入贫困,为人所耻,为人所恨和受到危险的,一定是要积累财富而又勤俭节约的。为了更进一步地证明这点,我还可以举出一些其他例证,不过我认为没有必要,所以在这里就不提了。

我还要说的仅仅是加添一条应该遵守的必不可缺的规则:就是当我们必须筹集较多于从经常的赋税而来的款项时,我们就应该按平等的原则办事,方可免遭人民憎恨;因为除非他们的献纳是大家所认可的,否则他们是决不会心悦诚服的。要达到这个目的,创立了议会制度乃是政府的一种高明政策,凭此就可以使贵族必须对债务负责,可以为平民弥补他们所受到的损害,同时也可以使国王不致偏袒某一方面,而对双方都能讨好;所以结果是可以使国王与他的属民,能够同心同德。此外恐怕我们就不能更有见地的为一个国家的公共安宁,或者更周详的为一个国王的安全,再想出任何其他的方法了。国王通过议会也可以有了便利,让别人去处理惹人憎恨的事情,而由自己来处理讨人欢心的事情。

第十八章 一个国王每年适于积累多少财富

我们已经在上面指出，国王的经常的和特殊的进款和有了该款后的便利，以及只有那些国王能够必然地和大公无私地向自己的人民征收特殊的献纳。现在我们还要研究的，就是每个国王每年适于积累多么大的一分财富。这桩事情，初看起来，似乎是很平凡和容易的。因为一个国王倘使每年有二百万镑的收入，并且只花了一百万镑，为什么他不应该将另一百万镑积存起来呢？的确，我必须承认，这种办法，在处理私人的资财和进款上，是司空见惯的，但是在处理国王的事务上那就大不相同了，因为还要考虑到另外一些情形。因为，一个国王的收入虽然是很多的，可是如果国家所得的利益很小，那么国王每年适于积存的财富的准则和比例也就应依后者而定；因为倘使他积聚的金钱大于对外贸易的顺差数值的话，那么他对于人民就好比是在羊身上吸血而不是剪毛了，那么，由于以后羊死而无毛可剪之故，他也必将与他的羊同归于尽。为弄清楚这一点起见，我们假定一个国家靠着自然物资和技艺而致富，甚至富有到可

对外贸易一定会使一个国王每年所积存的现金有一定的比例。

以靠着贸易而得到供应本国用的外货，同时每年还可以获得二十万镑的现款。其次又假定国王的全部收入是九十万镑，他仅花费四十万镑，因此他每年可以在钱柜里积存的现款，就比全国从外国人身上由对外贸易而获得的利益多三十万镑。那么，谁还看不清楚，这样一个国家的所有货币，一下子就都成为国王的财富了，而其农业与工业的生机就必因此丧失，并且公共财富与个人财富也必将同归于尽呢？可见一个要想积存大量货币的国王，必须想尽一切良好的办法，来维护和发展他的对外贸易；因为这是唯一的方法，可以使他达到他的目的，而且还可以使他的属民更有利于他地富裕起来。要知道，一个国王之所以被人视为强大过人，与其说是在于他的钱柜里存着的大量财富，还不如说是在于他有许多既富裕而又心悦诚服的臣民。

一个国王的属民如果没有经营多大的对外贸易，他就不能积累多少钱。

但是我们在这里一定会遇到一种相反的意见，也许认为这种幅员不大的国家（就是我在先已经说起过的）却与强大的国王的领土毗连的，那就只好对它们的属民征课种种特殊的税款，凭此每年就可以获得极多的进款，而且对于任何外来的侵略，也就可以应付裕如了。然而这类国家与外人的贸易，是不会大到这样的程度，甚至使它们的出超数值或所得利益，除了自己开支以外，每年还足以将半数积存起来。

对于这一意见的答复是：这样的国家仍是应以对外贸易的收益为积累财富的准则。这种收益每年虽然并不很多，可是在一个长期持续的和平时期里，如果经营得当使之生利，那么这笔钱就将积少成多，以致能够维持一场长期的防御战，可以使战争结束或转移目标。而国王的一切收入，也无须都用现金积聚起来，因为他们还有同样必需和有利的方法，可以使他们致富和强大起来。那就是将原来是由人民身上取得的每年进款中的一大部分，一直不断地散发到人民中间去，譬如雇用他们来制造战舰及其附属的一切设备；建筑和修缮要塞；收购足够一年（至少）吃的粮食贮存在各省的仓库里边，俾得防止一个国家所不能不注意到的偶或有之的缺粮危机；兴建银行，使他们的人民可以增进贸易；纪律严明地来维持那些向他们领受薪饷的旅长、排长、兵士、将官、海员和其他在海上和陆上的工作人员；购置东西装满他们的仓库（在各要塞地方）并且要有充裕的火药、硫黄、火硝、子弹、大炮、滑膛、枪、剑、矛、铠甲、马匹和其他许多这一类的作战用的东西。这一切将使他们令外人生畏，而为国人所爱，尤其是倘使所有这些东西（尽可能）是出之于担负每年献纳的本国属民的材料和工业品，则更是如此；因为一个国王（在这种场合之下）正像人身体里边的胃一样，倘使它一旦不能起消化作用，也不能将养料分送到身体的各部分去的话，那么它立即就要破坏那些部分，而同时也毁灭了它自身。

战争用的军火应该在国内各地都贮备好了，以防在一个地方受到由于奸诈而来的全部损失。

由此我们已经看到，一个小国也可以在各种必需的供应贮备上，积存大量的财富，其实这就是国王的珍宝，其贵重的性质,并不下于他们的现金,因为在需要的时候,它们都是已经准备好了的,并且如不这样,在千钧一发之际来不及(在有些地方)准备军火,国家就要灭亡了。所以我们可以说:一个在有急需的时候买不到东西的国王,是和一个没有钱去买东西的国王一样贫困的;因为,虽然现金被称为战争的命脉,可是那是因为它可以在必要的时候和地方供应、统筹和调动人力、食料和军火。倘使这些东西,在需要的时候得不到供应,那么我们拿着我们的现金能做什么呢? 许多管理得很好的国家考虑到这一层,都非常小心谨慎,将这些供应品都准备好,特别是威尼斯人的那些仓廪和堆栈,及其著名的兵工厂等,都是以建筑的雄伟,海上和陆上用的军火贮备的充裕,工人众多,技术的多种多样和优越以及国家的秩序等,著称于世的。这些都是国王们所应看到和仿行的极好的和珍贵的东西;因为倘使只有威风而无充足的实力贮备,就没有力量保证必要的供应了。

第十九章　论来自自然财富和人为财富的某些不同的结果

在本书第三章的最末一段里,关于自然财富和人为财富,我已谈到了一些,并且已经指出技艺到底能够在大自然上增进多少财富。但是我们还需要将这些细节，分别加以讨论，以便洞悉它们在一个国家里边的各种作用。为了达到这个目的，我或者可以从土耳其和意大利两国，或者从其他一些遥远的国家的例证里，做出一些比较。但我不拟将范围弄得如此之广，因为在大不列颠和低地国的各联合省里就有足够的事实，可以说清这桩事情。所以，首先我们就简括地从英国说起，并且我们只是用一般的说法，来指出这一著名的国家的种种自然财富，及其对于人民的习性和这个国家的力量所产生的一些主要影响。

英国的广大、美丽、丰饶；由为数极多的善战的人民、马匹、船舶和军火构成的海陆力量；有利于国防和贸易的地形；许多口岸与港口，都是敌人难以进来，而便于本国居民的财富如上好的羊毛、铁、铅、锡、番红花、谷物、食料、兽皮、蜜蜡和其他自然资源出口的便道；倘使我们对上述这些予以充分的考虑，我们就将发现我国是能够称霸天下的。试问有哪一个强大的国家，还能享有更大的光荣和利益，像我们那样绰有余裕和得天独厚地拥有一切的东西，可以供应粮食衣着以及战争和太平时候的需要，而且不但可以充分满足本国需要，还可以供别的国家用，从而每年就可获得大量的现金，使幸福达到无以复加的程度呢？因为经验告诉我们，虽然姑且不提苏格兰，单是这一个国的消费就已很多，但是我们国货出口的价值，通常每年就有二百二十万英镑，也许还多一些。所以,倘使我们不是这样超乎一切国家之上地爱好摆场面,奇装异服,和花天酒地的生活的话,那么有一百五十万镑,就满可以解决我们的非必需品(我是要这样称呼的),如丝织品、糖、香料、果品和一切其他的东西的需要了。所以这样每年还可以节存七十万英镑的现金,使这个王国在短期间内就大大富强起来。但是我们所享有的这种富裕生活,竟使我们成为沾染恶习和漫无节制的国民,不但将我们自己的资财都浪费掉,而且对于许多其他财富,也不加爱惜、毫不在意,以致受到可耻的损失,在英格兰、苏格兰和爱尔兰的国王领海上的渔业就是这样。它的重要性并不下于我们向外人输出和销售的其他物资,而同时(由于不安分的无所事事)我们的大批人民却行骗,诉苦,盗劫,吊死,求乞,憔悴和死亡;其实这一些人可以因为有了这笔资财并靠它来维持而大大地增多起来,从而更进一步地增进这几个王国的财富和力量,尤其是在海洋上,以便保障我们自己的安全和使我们的敌人畏惧。勤劳的荷兰人的努力结果,为我们提供了这种事实的充分证据,那对于我们是莫大的羞耻,并且简直就是危机,倘使我们不及时加以防止的话。因为当我们抛弃了我们一向从事的光荣事业和学术钻研而只求享乐,并且近年来将自己沉湎于吸烟和酒肉里边,像行尸走肉一般,终日以吸烟和举杯相庆为务,直到许多人已经死在眼前了。而我们所说的那些荷兰人却差不多已经完全摒弃了这种下流的恶习,同时吸取

英国通常受到外国人谴责的无所事事的结果。

了我们经常在海上和陆上发挥得很充分的传统的勇敢精神，并且特别是在他们的防御设施方面，虽然他们现在毫不表示谢意，甚至连这件事都不肯承认。一切这些事情的总结是：我们在吸烟、喝酒、宴乐、奇装异服和把我们的时间滥用在偷安和享乐（这是天道和其他国家的习俗所不容许的）方面的普遍的堕落，已经使我们在身体方面毫无丈夫气，使我们的知识欠缺，使我们的财富贫乏，使我们的勇气低落，使我们的事业遭到不幸，并且使我们为敌人所轻视。关于这些奢侈浪费，我还要多加叙述，因为这样便将使我们的财富，即本书全部论述的主题，大量地浪费掉了；并且我们的财富，的确是使一切基督教国家既羡慕又畏惧的一个非常有趣的论题，倘使我们只要在我们的大自然上加以技艺，在我们的自然资源上施以劳动的话。而我们对此的玩忽轻视，已经使别的民族，尤其是荷兰人，获得了至堪重视的利益，那就是我要在下面简括谈到的。

荷兰人的忘恩负义。

但是我要先行提出，我对于我们的衣着的意见。虽然这个国家的最大部分的财富及其贫民的最好的就业机会，都是在于制造衣着方面，可是我们或者还可以更多地从事于耕种和捕鱼事业，而不是这样地完全仰仗纺织品的制造，使我们得以更进一步地富裕、安全和获得利益。因为在战争的时候，或者因为别的事故，倘使有的外国国王，在他们的国境之内禁用我们的纺织品的话，恐怕立即就要引起许多困难和危险的骚乱，尤其是我们的贫民，当他们不能维持一般的生活时就要如此，而他们的劳动如果是分用在上述的各种工作上的话，那就不至于这样容易地使他们遭受到这种困难了。这样一来千千万万的人就能够在战争的时候，更好地为祖国服务，尤其是在海洋上面。这样，我们就丢开英国，去谈尼德兰的联合省罢。

因为富强使一个民族沾染恶习和没有远虑，所以贫困和不足就要使一个国家的人民开动脑筋和勤劳努力。关于后者，我可以举出许多基督教国家做例子，虽然它们在自己的领土里边几乎可以说是一无所有，可是它们竭力想法与外国进行贸易，因而获得了极大的财富和力量，现在其中最引人注意和最负盛誉的就是低地国的联合省了。自从它们摆脱了西班牙奴役的束缚以来，它们在一切合乎人道的政策上已经有了多么惊人的改进？它们已经得到了多么大的资财，居然可以与如此强大的敌人的暴力相周旋而护卫自己的自由？并且所有这一切，难道不是由于它们在商品贸易上的继续不断的努力而换来的吗？它们的那些省，难道不是因为成了基督教国家大多数地方的**军火仓库**和**商品堆栈**而增进了它们的财富、航运、海员、技艺、人口；并且公共收入与国产税，难道不是因而增多到了一种惊人的高峰了么？倘使拿他们现在的情形与隶属于西班牙的时候相比，他们就好像不是原来那个民族了。因为任何人都知道那些省在西班牙人统治之下的情形，是多么恶劣和混乱，西班

荷兰人的进展和努力。

那些乐于支持荷兰人的国王是要坚决地抵抗西班牙人的。

牙人对于他们的进取心施加的阻力，可以说是大于推动的力量的。而这些近邻的君王，为了自身的安全起见，在一个短时期之内将这些省再恢复到它们先前的样子是不难的；的确会如此，倘使西班牙人是这些低地国的唯一的主宰的话。但是我们的探讨，只是要指出那些变革的方法，找出荷兰人的财富及其强大的主要基础就够了。因为这是世界上的一个奇迹：这样小的一个国家，还没有我们的两个最大的州大，自然财富、食料、木材或其他在战争或和平时期所需的军火都少得微不足道的，但它竟绰有余裕地一切都有，甚至除了满足自己的需要（那是很大的）之外，他们还能够并且已经将船舶、大炮、绳索、谷物、火药、子弹以及其他种种货物出卖给其他的国王，而这些东西都是靠着他们在努力经营贸易而从世界各处收集来的。在这样的进展过程中，他们在挤掉别人（特别是英国人）方面所起的破坏作用，在程度上并不低于他们在力图自强方面的积极性。同时为了达到这个目的，甚至超出我们所说的这个目的（就是他们和西班牙的战争），他们以之为基础的只不过是在我们的皇上的领海里可以任其捕鱼而已。可是这一点基础，实在就是海上和陆上的财富和力量的一种极大的资源，正像罗伯特·喜科克和托别斯先生以及其他的人已经印行的可供他们阅读的表册所一一指出了的那样。并且他们的国家委员会在其宣言上，对于捕鱼事业的价值已经很有见地地这样指示：伟大的渔业和捕青鱼业是应居首

只是讲政策而不求老实。

1624年7月19日政府在海牙的宣言的一部分。

位的行业，而且是联合省的主要金矿，因为千千万万个家族，人家，手工艺，贸易和职业是靠它来推动，维持，并繁荣起来的，尤其是驾驶和航海事业，无论在国内或国外，都是大受重视的。此外还有许多货币收入，将与这些省的资财，护航费，关税和种种收入的增加而俱增。接着，在国家委员会的宣言中还详细地谈了很多，目的都是在于维护我们谈到的捕鱼事业的。联合省没有这项事业是明明不能长期自主独立存在的。因为这个基础倘使是没有了的话，那么它们在海上的和陆上的财富和力量的全部建筑就都要垮了。因为它们的一切航运事业，就将立即衰落下去，它们的收入和关税就会大为缩小，它们的人口就将因为缺乏维持生活的资料而减少了。因此国产税的收入一定要受到损失，同时它们对于东印度群岛和其他各地的其他一切贸易也必定一蹶不振。所以，这些尼德兰人的光荣和力量，完全得自我们的皇上的领海里的青鱼、鳘鱼和鳕鱼的身上。所以我们还要弄清楚，它们这样地在海上捕鱼，究竟是凭着什么权利或名义，并且它们怎么能够排斥一切别的国家而占为己有并且还坚持不放。

要解答这两个问题并不困难；因为首先，依照尼德兰的一位作者写的“公海”来说，它们也不能享有在我们的皇上的领海上捕鱼的权利。因为除了理由的正当之外，还有其他的国家可以作为例证，我只想说，能否享有这种权利，只能靠刀剑来决定，而不是靠谈判决定的。

我十分相信鱼是可以任意来去的，但是我却不认为荷兰人是无须得到我们的皇上的许可就可以来捕鱼并将其带走的。也许这是一种好的策略，只要他们一心一意与英国同盟并且与西班牙作战，我们就姑且任其如此并且允许他们捕鱼。但是倘使西班牙人像先前一样仍旧是联合省的主宰的话，那么与这些省切身有关的就是不能放弃它们自己的权利，并且要善于利用这种权利来增进它们的财富和力量，以便能够抵抗那个强敌，正像尼德兰人现在所做的那样。并且因此就很可以达到同样的目的：单是凭这一点，它们就不得不一直承认，它们与英国的坚强的同盟关系是超过其他一切国家的，因为没有一个国家能有这样好的资源，可以予它们以这样有力的支持。同时西班牙人也不可能（倘使他们再度拥有那些省的话）靠着金钱的力量，再行建立一种新的基础，扩展他们在海上或陆上的力量，以及利用这些省又从属于他们的便利条件，来进行更甚于现在所能干得出来的滋扰挑衅了。因为一切国产税和其他公共收入所赖以维持的那许多船舶、工艺和人民的立足的基础，贸易事业和生存条件，乃是工作的机会而不是那个地方，乃是富饶的渔业而不是那一片贫瘠的低地。并且这种工作机会倘使没有了的话，那么一切上述的赖以存在的因素也必定在极短的时间之内解体和失去作用。因为，虽然我承认货币的积累，可以使他们得到原料（那是他们需要的），并且所有的工匠也可以替他们建造船只，可是待运

金钱和捕鱼事业的比较。

的货物和维持他们生计的东西在哪里呢?倘使在贸易上所运送出去的东西,只不过是货币,那么所需的船舶,岂不是少得可怜吗?不然,倘使必须为了不测的战争而维持这么多的船舶的话,那么岂不是要再来一个东印度群岛才好,并且这样,荷兰人现在因有渔业和从属于渔业的其他行业所用的那许多船只和人,岂不是连十分之一都维持不住了吗?但是倘使还有人说西班牙人如果是一切低地国的主宰的话,那么他们就无须支出现在的这笔战争费用了,而且因此或者就要将目标转移到我们身上来了。我们的解答是:当国王们派遣大军到国外远征别的国家时,他们为了自卫,就必须同样地增加他们本国的支出和力量;并且我们还必须考虑到的,就是倘使西班牙人要对这些国家有所企图,他就必须在运输方面消费一大部分财富,因此侵略力量登陆的手段——财力和人力——现在就远不如低地国了。我们非但应该注意外来的侵略,而且还应该经常作好抗敌的准备,倘使我们的财富和力量,无论在海上或陆上,都是由于拥有和从事我们的捕鱼事业而大大地增加起来的话;至于这一特殊之点,我在以后得有机会的时候还要说一说的。现在在这里我只要再谈一点意见,就是倘使西班牙人是尼德兰全部的唯一主宰的话,那么他们就一定要在海上经营大量的贸易,以供应那些国家的一般需要;因此在战争的时候,我们就有办法天天夺得很多他们的财物。其实现在西班牙人在这些海上只有少得几乎没有的贸易，但却竭尽所能来使用他们的战舰；他们只是劫别人，而我们是一再遭受巨大损失的。

现在谈一谈第二个问题，就是这些荷兰人是否能够排斥一切别的国家，而将此项渔业占为已有并且还坚持不放。但是很可能是，荷兰人现在虽然唯一主张的是要有自由捕鱼的权利，好像也让其他一切的人，都可以有同样的权利似的；当然，其他任何国家的人，倘使要想与他们一块捕鱼或侵占他们的地位的话，那么他们就将而且也能起而保卫这个藏金之窟，以防最强大的进攻力量——只有英国除外，因为它的港口和内陆以及其他日常补给，对于捕鱼事业即使不是绝对必需的，也都是极其有利的；并且英国在海上的力量，是能够（在短时间之内）将这种捕鱼工作打乱和完全破坏的，倘使局势是到了像上面所说的那样紧迫的话。如果荷兰人，在海陆两方，都要与一个较强大的敌人相周旋，那么有谁如果只是认为荷兰人在海上的力量非常强大，而否定了其他一切因素，他的看法就不全面了。我们还必须郑重考虑的，就是他们的力量是由何而产生的，并且如果其根一经摧毁，那么全部枝叶也就将立即枯萎的。所以，如果只是依照他们由已有的贸易和收益而获得的现有力量与财富，来权衡或估计他们的价值，那就错了。因为，虽然这是远远多于其实际所有的，但是这一切资本是立即会在对付一个强敌的花费很大的战争中，都消耗净尽的，同时多事的局势会终止或者有所转变，如果这财富本身(那就是在我们的皇上的领海里捕鱼),不准荷兰人再染指的话,因为这乃是荷兰人的力量和幸福的实际基础。联合省(我们知道)是像一只披着借来的美丽羽毛的漂亮的鸟一样;倘使每一只鸟都要索回它的羽毛,那么这只鸟就要一丝不挂了。同时我们也从未看到,荷兰人曾经在他们的最重要的关头曾像英国人那样,常常是并不妨碍自己的经常航运事业而有那么多的战舰。不错,荷兰人的确有数也数不清的用来捕鱼和运载谷物、食盐等等的不怎么好的船只,为的是供应自己的食料和贸易之用,还有一些这样的船只,是运载木料、厚板、木板、柏油、苧麻、树脂、亚麻、桅杆、绳索和其他军火,再来建造大批大批的船只,船之于彼就同犁之于我一样重要;他们的船舶,如果不是鼓足干劲,无时或息的,他们的人民就都要饿死。所以他们的船舶就不能,甚至在一个极短的时间内也不能离开他们的航运事业(我们就不是如此,倘使是在必要的时候),否则一切就将同归于尽。因为他们的人民大众每天要靠这来维持生计,他们做一天吃一天,使大量的国产税和其他维持国家自身的公共收入都能有恃无恐。他们的船舶,的确是不坚固的,也是不适于作战之用的。而在它们恰当地用在捕鱼和贸易上时,它们却要成为海上强敌的一笔横财或一宗战利品,正像他们在丹刻克的一个穷困的小镇附近所局部地遭受到的情形一样;尽管他们以大量的开支来准备战舰,强大的护航舰和其他良好措施,继续不断地来防

尼德兰人的犁。

止这种祸患；但是倘使因为一个更为强大的海上敌人，迫使他们不得不增加一倍或二倍的开支，那么我们就很可以怀疑，他们是否能有资财一直继续下去，尤其是当他们赖以为生的捕鱼事业，或许会受到（我们的）阻碍的时候。这些，再加上其他种种情形，常常使我觉得奇怪，就是有时我竟听到荷兰人，不知天高地厚地妄自夸大，而有许多英国人也妄信妄从，以为联合省就是我们的炮台、堡垒、城墙、外堡和说也说不尽的一切，甚至是没有了它我们就不能在西班牙军队之前残存多久了似的。其实**我们才是他们的幸福的泉源，我们流了自己的鲜血，为了战争和和平，为了贸易和财富，为了军火和人民使他们受到保卫；而他们自己的人民，因而得以征服东印度群岛而无后顾之忧，同时还从我们的怀抱里获取丰盛的贸易成果**。这种贸易，倘使是属于我们自己的（因为我们有权利和力量这样做），它将使我们的人民，因为有了维持他们的这一良好的富源而能大大增强，使我们完全能够抵抗最强大的敌人，同时还可以使千千万万的荷兰人，因为没有更好的生计而不得不来到这里投靠我们以求生存了。那样一来，我们的许多已经萧条了的海口市镇和城寨，立即又将修建起来了，并且居住在那里的人们，将比先前他们在最好的情况之下时更加富裕。并且这些力量这样地团结起来了，便能够时刻有所准备，有把握和精神奋发，免得让一股强大的力量分散着，常常要迟误，要不务正业，并且还要有其他各种猜忌。

只依感情或传统说话而不从理性出发的人们。

荷兰人的主要靠山乃是和英国的巩固的同盟。

这一切的事情，都是我们不应该不过问，而是应该完全知道的，并且在必要的时候，我们还应全力以赴，同时还必须时时注意保持我们的力量，免得中了荷兰人的（在某种合理的借口和金钱的诱惑力之下）诡计，就像他们近来在苏格兰所做的一样，居然获得了一种特权，可以在奥克地群岛中的那个居优越地位的留伊斯岛上居住和建筑堡垒。该岛的位置、港口、渔业、土质的肥美、面积之大和其他种种有利的条件，就可以使他们能够（在短时间之内）出其不意地侵略这一带的国家，甚至可以抵抗我们的皇上的最强大的军力。同时由此他们的船舶还可以无往不利地往返于东印度和西印度群岛、西班牙、海峡群岛一带和其他许多地方而不经过我们的皇上的狭窄的领海，可是现在我国在那里是处于极大的有利地位的，可以去拦劫他们的船舶，阻止他们的最有利的贸易，使他们立刻就会灭亡。可见（正如他们所完全了解的）比起任何别的国家来，我们对他们就有更大的束缚和权力。并且上面所说的留伊斯岛，都是在私人的名义之下，和向苏格兰的那些偏远地区发展商业的冠冕堂皇的借口之下取得的；可是，归根结底，在这一工作有了任何可观的成果之后，无疑地所有权和力量，当然都会归于其国家主宰和国家委员会。我们也都知道，他们近来在东印度群岛所获得的许多有很大潜力和财源的地方，都是利用商人的名义和财力得来的，所以他们在那里的行动，也并未引起人们注意，在世界上并未臭名远扬。

可是他们一旦达到了他们的目的，恐怕就要引起一种与我国有特殊关系的后果；所以我们要小心谨慎地注意他们的步骤。因为众人皆知他们是要想效法那又勇敢又有政治手腕的马其顿统帅腓力的榜样，而他的座右铭就是：在武力不能取胜的地方，常常就用贿赂和金钱来腐化那些可以使他成功立业的人。就是由于采用这种政策，他才打好一个帝国的基础。并且当荷兰人对于他们在东印度群岛的种种企图和其他诡计多端的计划，都是这样顺利地得到成功的时候，试问除了使我们知道他们也是要想建立这样的帝国以外，还能是什么呢？难道我们不知道，他们本国是小得不能容纳这样一个人口日益增多的民族，甚至在船舶和海上都住了大批的居民吗？可是他们的人口还是要繁殖的，试问他们是否因为无须从事于他们自己的战争，从而靠着贸易和工艺使国家和他们自己都能致富呢？同时许许多多外国人，就因这种政策的吸引而来至其地，替他们当兵，于是他们的通行税的收入，也相应而增加得更多了，并且所有的一切都是如此巧妙地计划好了，甚至外来的兵士虽然待遇颇高，但是一切他们所得到的都将在当地再花掉的；因此所有的财富，仍将留在他们本国，而这些替他们尽了这样大的义务的外国人却并未取走任何一点财富。

在武力不能取胜的地方，尚可以金钱来取胜；荷兰人就希望如此。

　　我曾听到有些意大利人，又明哲又确当地讨论到英国的自然力量和财富，他们认为那是举世无匹的，倘使我们（只要部分地）也能采用欧洲一些别的国家极其普遍地采用的政策和尽到他们所尽的努力的话。同时他们很感惊奇的，就是我们的种种思想和猜忌，只是集中在西班牙和法兰西的强大方面，从未对尼德兰人有所疑惧，而是常常将他们视作最好的朋友和同盟者。其实（正像他们所注意到了的一样）在一切基督教国家的人民里边，再没有人比他们对我们的海外和本国的航业和贸易有更大的破坏、损害和压力了。并且这不仅是在我们的皇上的领海里边的繁荣的渔业（我们已经加以叙述了）方面是如此，而且在我们国内的城市与城市间的贸易上，在我国制的丝、毛和其他工业品方面，也都是如此。可是在他们的种种工艺方面，他们从未予我们以工作或学习的机会，而老是（依照着居住在土耳其和基督教国家各地的犹太人的风俗）闭关自守，不与异族人相处。所以我们确实可以这样地看待荷兰人：虽然他们是和我们在一块的，但是他们，即使是在我们自己的国家里出生和养育起来的，都不是属于我们的；因为在他们的心脏里边连一滴英国人的血液也没有，所以他们仍将是属于荷兰的人。

关于这些尼德兰人的骄横无道和野心勃勃的一切努力，我们还是可以再说一说的，就是照着这种情形看起来，他们恐怕还抱着一种希望，要想在将来可以所向无敌，倘使不受到制止的话。并且我们还可以说得更多一些的，就是在处于有利的地位和有力量来干的情况之下时，他们在流血、贸易和其他利害关头上所干出来的又残酷又不讲道理的暴行（特别是对于他们的最好的朋友——英国人）。但是这些事情，都是已经刊行公布而颇为世人所重视和艳羡的。所以我将由此得出结论，而我对于所有这一切的结论就是：这些联合省现在带给西班牙人的，倘使不是威吓，也是一种很大的麻烦；可是以前，这些联合省也不过是属于西班牙人的一个负担而已，并且联合省倘使仍属于西班牙人，恐怕情形仍将是如此。至于其所以如此的理由，我本来是可以进一步说一说的，但是为了适可而止起见，若要再多说，来指出*自然的和人为的财富*所产生的不同的结果，恐怕是不相宜了。自然的财富，虽然是最可贵和最有利的，但是因为它总是用之不竭和取之必有的缘故，所以反会使人不去爱惜，只知自满和任意滥用；而靠着人为努力而来的财富却是警觉性、文学、艺术和大政方针的催生剂。所以我的愿望就是如此：既然英国所享有的自然财富是绰绰有余，并且对于人为的财富也是完全能够掌握的，所以我们就应努力，采用妥善的方法将二者结合起来，改正我们的懒惰恶习，并且使这几个著名的王国的光荣更加光大。

第二十章　可以编制我们的对外贸易平衡表的惯例和方法

现在我们已经充分地证明了我们的对外贸易平衡

表,乃是衡量我们的财富多少的真正尺度。我们尚须讨论的,就是要指出这种平衡表,是由什么人和用什么方法来编制,才可以使这个国家的政府能够知道,我们在这一重大事业上,有了进展还是退步了。在这一方面,我们英国海关的官员们,是唯一适合做这种工作的人,因为本国所输出和输入的一切货物他们都有账可查。虽然他们(的确)不能将别人购自我国或从海外买来的货物,丝毫不错地估定它们的成本和其他费用,然而他们只要根据关税表册,毕竟能够做出一种姑且可以令人满意的估价,以备查考之用。因为我们并没有希望根据这一种计算,就能够做出丝毫不差的平衡表,只要所差之数不太大就行了。

我们对于我们的出口货和进口货必须怎样估值。

现在先说我们的出口货罢。在我们已经估定了它们的原始成本以后,我们在这里还必须再加上百分之二十五的运费、保险费和利润等;至于我们的无须对皇上交付关税的像鱼类等出口货的价值,可以用我们已经用而且还可以继续用的适当的考察方法比较容易地计算出来,也就是根据这类出口货的增加或减少的大势来观察;依现在的情况来说,鱼类每年出口的总值就是约计十四万英镑。此外我们还须在我们的出口货的价值上再加上一切用于皇上所发给的贸易执照的费用。

第二就说我们的外货进口罢。海关表册的用处,只不过是替我们指出数值的多少而已;因为我们决不应该按着进口货到了我国以后的价值计算,要知这是货物在原产地的买价以外又已加上装载到我们在海外的船舶上的所有费用了；而此间商人的盈利、保险费、运输费、关税，各种征课和其他种种的税捐等，都是要大大提高我们使用和消费这些货物时的价格的；只是这些费用，不过是在我们自己之间从这一手转到那一手而已，外国人在这其中是没有份的。因此所说的我们的进口货的价格就应该比它们在我们这里所定的价格减少百分之二十五才对。并且虽然这个数额，似乎对于从低地国和其他近邻地方来的许多贵重商品是过大一些，可是当我们就商品的总额以及来自远方国家的货物，如我们所用的胡椒——它在东印度群岛的价格加上其他各种费用，也仅合四便士一磅，而它在我们这里的估价是合到二十便士一磅——而论，就会觉得这一个百分之二十五的数额，并不是不合理的。因此，当一切都按折中的办法去做的时候，则其估值的方法，就应该照上面所说的一样才是。所以在进口货上再加上百分之二十的估值惯例，就会在贸易的差额上产生一个极大的错误，因为依着这样的计算方法去做，则我们今年从东印度群岛输入我国的一万包胡椒的价值就几乎要有二十五万镑了。其实全部的胡椒，在我国的总账上所支出的并未超过五万镑；因为东印度群岛的人们并未从我们手里获得更多的货价，虽然我们在这里买胡椒的时候要付出极其高昂的价格。一切其他的费用(就像我在前面所说的)，只不过是在我们自己之间的财物的转移以及从属民到国王之

东印度群岛的贸易之大不但是大在它自己身上，而且使我们的其他贸易也比先前大得多了。

间的一种转移罢了，那是不会使公共财富受到损失的。实际上，所说的胡椒，有九千包已经输往国外各地了；那么这些胡椒和一切其他外来的和本国的货物，只要是这样地输往外国的，就应该按照皇上的税率由海关提高百分之二十或者按照我想来较为接近理想的百分之二十五来估值才行，倘使我们是考虑到要在我们的全部贸易里边，做出一个折中的估值办法的话。

第三，我们必须记住一切由外人输出或输入的货物（在运输上），是由他们自己来担负一切责任的，所以由于他们的输出而我们国家所得到的，只不过是货物的原始价格和关税罢了。并且对于外人所输入的货物，我们必须按本国当地的价格估值，扣除关税，征课和其他杂费。

最后我们还必须特别注意，我们在运货出国或回国的途中，在海上所受的一切巨大损失。一种损失是要从出口货的价值上减去的，另一种损失是要在进口货的价值上加进去的。因为无论是损失掉的或消费掉的，都是要按同一种方法来计算的。同样地，倘使我们的皇上通过汇兑将一大批的金钱，汇到无须我们自己替兵士预备衣食和准备供应的地方去，那么便可以就地购得一切而维持一场国外战争，我们就完全不必将这笔费用算在我们的出口里边，而将它加在进口上。因为这笔费用使金钱流出，或者说是阻碍了这样多的一笔金钱的流入。并且我们在这里还要记得，宣教士和耶稣会教士，每年在全国各处从反对我们的国教的人们那里募集来大量金两种都是有害的矛盾。

钱，他们把这笔钱暗中运到他们在海外所办的大学，男修道院和女修道院去，而绝不会带回任何东西来。所以这种有害的事情，倘使是不能防止的话，那么这桩事情，就必须视作和定为国家的一种明明白白的损失，除非（为要抵偿这种损失起见）我们能够想象，或者外国的国王会以这样大的一笔钱，赠给在我国接受此种恩俸的人士，以期获得他们的同情或情报；这是有些国家视为良策而不惜用重金来购买的。这样得来的收入当然是明明内藏阴谋的东西。

还有其他一些琐碎的问题，似乎是与这个平衡表有关的，而所说的英国海关的人员，却未能予以留意并记入账内的。例如旅客的费用[①]，送给大使和外国人的礼物，不经过海关的一些走私进来的货物，外国人在这里由于货币的兑换和再兑换，由于货币的利息，由于替英国人的货物和生命保险等所获的利益——这些收益，除掉他们在这里的生活费用之外是微乎其微的。此外，还有由身居外国的英国人所享有的与此相同的种种利益，也足以抵偿以上这一切的利益了；所以在我们编制所说的平衡表时，它们并不占怎样重要的地位。

① 按旅客费用分为两种：本国人去外国旅行的费用与外国人来本国旅行的费用。前者属“无形输入”项目，后者属“无形输出”项目，也即前者属支出项目，后者属收入项目。——译者

第二十一章　根据一切讨论过的有关现金输出或输入问题的结论

上述的关于我国因与外人通商而致富和增加现金的结论，概括地说就是这样。这就是我国对外贸易上的固定不移的准则：凡是我们所输出的商品，在价值上是少于输入我国的外货的话，那么我们的币值，在汇兑上是要被压低的；而在相反的情形之下，我们的币值就要被提高，但是让外汇率提高也罢，减低也罢，适得其平也罢，一同下降也罢；让外国的国王们将他们的铸币加重也罢，或者将他们的本位货币减轻也罢，或者让我们的皇上照样去做也罢，或者将货币的重量和成色都保持不变完全与现在一样也罢；让外来的钱币在这里按高于实值的兑换率一律通用也罢；让对于外国人的现金使用法令继续有效也罢，或者予以撤销也罢；让那兑换人拼命蛮干也罢；让国王们专事压迫，律师们专事勒索，放高利贷者专事剥削，浪费的人们专事挥霍也罢；并且最后让商人们能有一切他们在贸易上所要用的款项也罢；所有这一切做法，在贸易的过程中，除了在这一探讨中所提及的作用以外就别无其他任何作用了。因为向国内输入或向国外输出的财富的多少，是取决于对外贸易在价值上的顺差或逆差的。并且这些都是必然要如此的，不是任何力量所能抗拒的。所以，用其他各种方法（凡是不以此为目标的），虽然似乎可以使货币暂时流入我国，但是它们（归根结底）不但是枉费心机，而且还是有害的。它们像会将堤岸冲破的狂流，但是又会突然干涸无水。

那么请仔细看看对外贸易的真正面目和价值罢！那就是**国王的大量收入**，**国家的荣誉**，**商人的高尚职业**，**我们的技艺的学校**，**我们的需要的供应**，**我们的贫民的就业机会**，**我们的土地的改进**，**我们的海员的培养**，**我们的王国的城墙**，**我们的财富的来源**，**我们的战争的命脉**，**我们的敌人所怕的对象**。就是由于这些重大的原因，许许多多的治理得很好的政府，都极其重视这一项职业并且精心爱护这种工作，不仅施行使之日益增进的政策，而且还用实力来加以保护，以防外来的种种损害。因为这些国家都知道，维持和保护国家及其财产所赖以支持的事业，乃是一个国家的正当原则。

图书在版编目(CIP)数据

英国得自对外贸易的财富/(英)托马斯·孟著;袁南宇译.—北京:商务印书馆,2017
(汉译世界学术名著丛书:120年纪念版:珍藏本)
ISBN 978-7-100-14140-6

Ⅰ.①英… Ⅱ.①托… ②袁… Ⅲ.①重商主义 Ⅳ.①F091.31

中国版本图书馆CIP数据核字(2017)第139033号

汉译世界学术名著丛书
(120年纪念版·珍藏本)
英国得自对外贸易的财富
〔英〕托马斯·孟 著
袁南宇 译

商 务 印 书 馆 出 版
(北京王府井大街36号 邮政编码100710)
商 务 印 书 馆 发 行
南京爱德印刷有限公司印刷
ISBN 978-7-100-14140-6

2017年12月第1版 开本 710×1000 1/16
2017年12月第1次印刷 印张 7
定价:48.00元